税收制度分类指引丛书

支持脱贫攻坚
税收优惠政策指引

《支持脱贫攻坚税收优惠政策指引》编写组　编

中国税务出版社

图书在版编目(CIP)数据

支持脱贫攻坚税收优惠政策指引/《支持脱贫攻坚税收优惠政策指引》编写组编. ——北京：中国税务出版社，2018.6
（税收制度分类指引丛书）
ISBN 978-7-5678-0706-8

Ⅰ.①支… Ⅱ.①支… Ⅲ.①扶贫-税收优惠-税收政策-中国 Ⅳ.①F124.7

中国版本图书馆 CIP 数据核字(2018)第 128076 号

版权所有·侵权必究

丛 书 名：	税收制度分类指引丛书
书　　名：	支持脱贫攻坚税收优惠政策指引
作　　者：	《支持脱贫攻坚税收优惠政策指引》编写组　编
责任编辑：	刘　菲　孙晓萍
责任校对：	于　玲
技术设计：	刘冬珂
出版发行：	中国税务出版社
	北京市丰台区广安路 9 号国投财富广场 1 号楼 11 层
	邮政编码：100055
	http：//www.taxation.cn
	E-mail：swcb@taxation.cn
	发行中心电话：(010)83362083/86/89
	传真：(010)83362046/47/48/49
经　　销：	各地新华书店
印　　刷：	北京天宇星印刷厂
规　　格：	787 毫米×1092 毫米　1/16
印　　张：	14.25
字　　数：	260000 字
版　　次：	2018 年 6 月第 1 版　2018 年 6 月第 1 次印刷
书　　号：	ISBN 978-7-5678-0706-8
定　　价：	35.00 元

如有印装错误　本社负责调换

编者说明

为深入贯彻落实党的十九大精神，进一步优化税收营商环境，更好地服务纳税人，国家税务总局组织编写了税收制度分类指引。《"大众创业、万众创新"税收优惠政策指引》《"走出去"税收指引》《研发费用加计扣除政策执行指引（1.0版）》相继发布。

为助力打好精准脱贫攻坚战，方便纳税人、贫困群众、扶贫工作者及社会公众知晓有关的税收优惠政策，使税收政策在扶贫项目推进中精准对接，灵活运用，国家税务总局日前又发布了《支持脱贫攻坚税收优惠政策指引》，内容涵盖产业类、区域类、特定对象类等各方面政策，分门别类地列出享受主体、优惠内容、享受条件、政策依据。

根据国家税务总局发布的相关资料，我们组织编写了《税收制度分类指引丛书》，主要是整理、汇编、补充涉及的相关政策。目前，已出版《"大众创业、万众创新"税收优惠政策指引及文件汇编》《"走出去"税收指引》，《支持脱贫攻坚税收优惠政策指引》是第三种。

本书分支持贫困地区基础设施建设、推动涉农产业发展、激发贫困地区创业就业活力、推动普惠金融发展、促进"老少边穷"地区加快发展、鼓励社会力量加大扶贫捐赠六大类，介绍101个支持脱贫攻坚税收事项，针对每个税收事项的享受主体、优惠内容、享受条件、政策依据等加以指引。编写组在已发布的资料基础上，对其中涉及的政策文件、条款进行链接，并对文件、条款中涉及的失效、废止及政策调整状态进行标注，以更便捷地查询、使用相关政策，满足纳税人的个性化需求。

为方便读者使用，我们对在政策链接中首次出现的政策进行了编码。例如：编码"7-2"中的第一个数字"7"代表该政策所处的税收事项"7. 农村居民占用耕地新建住宅减半征收耕地占用税"的编号，第二个数字"2"代表该政策在所处税收事项的政策依据中出现的顺序。重复出现该政策时，标注"（略，见文件7-2)"。本书所涉及的所有政策在正文后按编码排序制作了索引，读者可依据文件编码或索引查找相关政策内容。

本书收录文件截至2018年4月。具体执行中的问题，以及执行中遇到修改、补充或新的规定，请参照最新发布的法律、法规、规章及规范性文件的规定执行。

更多税收政策请登录中国税务出版社税收资讯网（http://www.taxation.cn）查阅。

《支持脱贫攻坚税收优惠政策指引》编写组
2018年6月

目 录

一、支持贫困地区基础设施建设
（一）基础设施建设税收优惠 …………………………………（ 1 ）
1. 国家重点扶持的公共基础设施项目企业所得税
   "三免三减半" ……………………………………………（ 1 ）
2. 农村电网维护费免征增值税 ……………………………（ 7 ）
（二）农田水利建设税收优惠 …………………………………（ 8 ）
3. 县级及县级以下小型水力发电单位可适用简易办法
   缴纳增值税 ………………………………………………（ 8 ）
4. 水利设施用地免征城镇土地使用税 ……………………（ 11 ）
5. 农田水利占用耕地不征收耕地占用税 …………………（ 11 ）
6. 国家重大水利工程建设基金免征城市维护建设税 ……（ 12 ）
（三）农民住宅建设税收优惠 …………………………………（ 13 ）
7. 农村居民占用耕地新建住宅减半征收耕地占用税 ……（ 13 ）
8. 困难居民新建住宅减免耕地占用税 ……………………（ 14 ）
9. 农村居民搬迁恢复耕地减免耕地占用税 ………………（ 15 ）
（四）农村饮水工程税收优惠 …………………………………（ 16 ）
10. 饮水工程新建项目投资经营所得企业所得税
    "三免三减半" ……………………………………………（ 16 ）
11. 农村饮水安全工程免征增值税 …………………………（ 17 ）
12. 农村饮水工程运营管理单位自用房产免征房产税 ……（ 18 ）
13. 农村饮水工程运营管理单位自用土地免征城镇土地使用税 ……（ 19 ）
14. 建设饮水工程承受土地使用权免征契税 ………………（ 19 ）
15. 农村饮水安全工程免征印花税 …………………………（ 20 ）

二、推动涉农产业发展

（一）优化土地资源配置税收优惠 ……………………………（22）

16. 转让土地使用权给农业生产者用于农业生产免征增值税 ………（22）
17. 承包地流转给农业生产者用于农业生产免征增值税 ……………（23）
18. 直接用于农、林、牧、渔业生产用地免征城镇土地使用税 ……（23）
19. 农村集体经济组织股份合作制改革免征契税 ……………………（24）
20. 农村集体经济组织清产核资免征契税 ……………………………（25）
21. 收回集体资产签订产权转移书据免征印花税 ……………………（26）
22. 农村土地、房屋确权登记不征收契税 ……………………………（26）

（二）促进农业生产税收优惠 …………………………………（27）

23. 农业生产者销售的自产农产品免征增值税 ………………………（27）
24. 进口种子种源免征进口环节增值税 ………………………………（33）
25. 进口玉米糠、稻米糠等饲料免征增值税 …………………………（38）
26. 单一大宗饲料等在国内流通环节免征增值税 ……………………（39）
27. 生产销售有机肥免征增值税 ………………………………………（41）
28. 滴灌产品免征增值税 ………………………………………………（44）
29. 生产销售农膜免征增值税 …………………………………………（45）
30. 批发零售种子、种苗、农药、农机免征增值税 …………………（46）
31. 纳税人购进农业生产者销售自产的免税农业产品可以抵扣进项税额 ……………………………………………………（48）
32. 农产品增值税进项税额核定扣除 …………………………………（52）
33. 从事农、林、牧、渔业项目减免企业所得税 ……………………（58）
34. 从事"四业"的个人暂不征收个人所得税 ………………………（68）
35. 农业服务免征增值税 ………………………………………………（69）
36. 农用三轮车免征车辆购置税 ………………………………………（71）
37. 捕捞、养殖渔船免征车船税 ………………………………………（72）
38. 农村居民拥有使用的三轮汽车等定期减免车船税 ………………（72）

（三）支持新型农业经营主体发展税收优惠 …………………（74）

39. "公司+农户"经营模式销售畜禽免征增值税 ……………………（74）
40. "公司+农户"经营模式从事农、林、牧、渔业生产

减免企业所得税 …………………………………………………（75）
　41. 农民专业合作社销售农产品免征增值税 …………………（78）
　42. 农民专业合作社向本社成员销售部分农用物资免征增值税 …（79）
　43. 购进农民专业合作社销售的免税农产品可以抵扣进项税额 …（80）
　44. 农民专业合作社与本社成员签订的涉农购销合同免征
　　　印花税 ……………………………………………………（81）
（四）促进农产品流通税收优惠 ……………………………………（81）
　45. 蔬菜流通环节免征增值税 …………………………………（81）
　46. 部分鲜活肉蛋产品流通环节免征增值税 …………………（83）
　47. 农产品批发市场、农贸市场免征房产税 …………………（84）
　48. 农产品批发市场、农贸市场免征城镇土地使用税 ………（86）
　49. 国家指定收购部门订立农副产品收购合同免征印花税 …（86）
（五）促进农业资源综合利用税收优惠 ……………………………（87）
　50. 以部分农林剩余物为原料生产燃料电力热力实行
　　　增值税即征即退100% ……………………………………（87）
　51. 以部分农林剩余物为原料生产资源综合利用产品实行
　　　增值税即征即退70% ………………………………………（90）
　52. 以废弃动植物油为原料生产生物柴油等实行增值税
　　　即征即退70% ………………………………………………（91）
　53. 以农作物秸秆为原料生产纸浆、秸秆浆和纸实行
　　　增值税即征即退50% ………………………………………（92）
　54. 以锯末等原料生产的人造板及其制品实行减按90%
　　　计入收入总额 ……………………………………………（93）
　55. 以农作物秸秆及壳皮等原料生产电力等产品实行减按
　　　90%计入收入总额 …………………………………………（96）
　56. 沼气综合开发利用享受企业所得税"三免三减半" ………（97）

三、激发贫困地区创业就业活力

（一）小微企业税收优惠 ……………………………………………（103）
　57. 增值税小规模纳税人销售额限额内免征增值税 …………（103）

58. 小型微利企业减免企业所得税 ……………………………………（106）
59. 重点行业小型微利企业固定资产加速折旧 ……………………（110）
60. 企业免征政府性基金 ……………………………………………（116）

（二）重点群体创业就业税收优惠 ……………………………………（118）
61. 重点群体创业税收扣减 …………………………………………（118）
62. 吸纳重点群体就业税收扣减 ……………………………………（120）
63. 残疾人创业免征增值税 …………………………………………（124）
64. 安置残疾人就业的单位和个体户增值税即征即退 ……………（127）
65. 特殊教育校办企业安置残疾人就业增值税即征即退 …………（131）
66. 残疾人就业减征个人所得税 ……………………………………（132）
67. 安置残疾人就业的企业残疾人工资加计扣除 …………………（133）
68. 安置残疾人就业的单位减免城镇土地使用税 …………………（136）

四、推动普惠金融发展

（一）银行类金融机构贷款税收优惠 …………………………………（137）
69. 金融机构农户和小型微型企业小额贷款利息收入
    免征增值税 ……………………………………………………（137）
70. 金融机构农户小额贷款利息收入企业所得税减计收入 ………（142）
71. 金融企业涉农和中小企业贷款损失准备金税前扣除 …………（143）
72. 金融企业涉农和中小企业贷款损失税前扣除 …………………（145）
73. 农村信用社等金融机构提供金融服务可选择适用简易
    计税方法缴纳增值税 …………………………………………（148）
74. 中国农业银行三农金融事业部涉农贷款利息收入可选择
    适用简易计税方法缴纳增值税 ………………………………（149）
75. 金融机构与小型微型企业签订借款合同免征印花税 …………（152）

（二）小额贷款公司贷款税收优惠 ……………………………………（154）
76. 小额贷款公司农户小额贷款利息收入免征增值税 ……………（154）
77. 小额贷款公司农户小额贷款利息收入企业所得税减计收入 ……（155）
78. 小额贷款公司贷款损失准备金企业所得税税前扣除 …………（157）

（三）**融资担保及再担保业务税收优惠** …………………… (159)
　　　79. 为农户及小型微型企业提供融资担保及再担保业务
　　　　　免征增值税 …………………………………………… (159)
　　　80. 中小企业融资（信用）担保机构有关准备金企业所得税
　　　　　税前扣除 ……………………………………………… (161)
　　（四）**农牧保险业务税收优惠** ………………………………… (163)
　　　81. 农牧保险业务免征增值税 …………………………… (163)
　　　82. 保险公司种植业、养殖业保险业务企业所得税减计收入 …… (164)
　　　83. 农牧业畜类保险合同免征印花税 …………………… (165)

五、促进"老少边穷"地区加快发展

　　（一）**扶持欠发达地区和革命老区发展税收优惠** …………… (167)
　　　84. 西部地区鼓励类产业企业所得税优惠 ……………… (167)
　　　85. 赣州市符合条件企业享受西部大开发企业所得税优惠 …… (172)
　　（二）**支持少数民族地区发展税收优惠** ……………………… (174)
　　　86. 民族自治地方企业减征或者免征属于地方分享的
　　　　　企业所得税 …………………………………………… (174)
　　　87. 边销茶销售免征增值税 ……………………………… (175)
　　　88. 新疆困难地区新办鼓励发展产业企业所得税优惠政策 …… (177)
　　　89. 新疆喀什、霍尔果斯两个特殊经济开发区企业所得税
　　　　　优惠政策 ……………………………………………… (179)
　　　90. 新疆国际大巴扎项目增值税优惠政策 ……………… (181)
　　　91. 青藏铁路公司及其所属单位营业账簿免征印花税 … (182)
　　　92. 青藏铁路公司货物运输合同免征印花税 …………… (182)
　　　93. 青藏铁路公司及其所属单位自采自用的砂、石等材料
　　　　　免征资源税 …………………………………………… (183)
　　　94. 青藏铁路公司及其所属单位承受土地、房屋权属用于
　　　　　办公及运输免征契税 ………………………………… (184)
　　　95. 青藏铁路公司及其所属单位自用的房产免征房产税 …… (185)

96. 青藏铁路公司及其所属单位自用的土地免征城镇
    土地使用税 ………………………………………………（185）

六、鼓励社会力量加大扶贫捐赠

97. 企业通过公益性社会组织或政府部门的公益性捐赠企业
    所得税税前扣除 …………………………………………（187）
98. 个人通过社会团体或国家机关的公益性捐赠个人所得税
    税前扣除 …………………………………………………（197）
99. 个人通过非营利的社会团体和国家机关向农村义务教育
    捐赠个人所得税税前扣除 ………………………………（198）
100. 符合条件的财产捐赠免征印花税 ………………………（199）
101. 境外捐赠人捐赠慈善物资免征进口环节增值税 ………（200）

索引 …………………………………………………………（205）

一、支持贫困地区基础设施建设

（一）基础设施建设税收优惠

1. 国家重点扶持的公共基础设施项目企业所得税"三免三减半"

【享受主体】

从事国家重点扶持的公共基础设施项目的企业。

【优惠内容】

企业从事国家重点扶持的公共基础设施项目的投资经营的所得，自项目取得第一笔生产经营收入所属纳税年度起，第一年至第三年免征企业所得税，第四年至第六年减半征收企业所得税。

【享受条件】

1. 国家重点扶持的公共基础设施项目，是指《公共基础设施项目企业所得税优惠目录》规定的港口码头、机场、铁路、公路、城市公共交通、电力、水利等项目。

2. 企业投资经营符合《公共基础设施项目企业所得税优惠目录》规定条件和标准的公共基础设施项目，采用一次核准、分批次（如码头、泊位、航站楼、跑道、路段、发电机组等）建设的，凡同时符合以下条件的，可按每一批次为单位计算所得，并享受企业所得税"三免三减半"优惠：

（1）不同批次在空间上相互独立；

（2）每一批次自身具备取得收入的功能；

（3）以每一批次为单位进行会计核算，单独计算所得，并合理分摊期间费用。

【政策依据】

(1)《中华人民共和国企业所得税法》第二十七条第(二)项

(2)《中华人民共和国企业所得税法实施条例》第八十七条、第八十九条

(3)《财政部 国家税务总局 国家发展和改革委员会关于公布〈公共基础设施项目企业所得税优惠目录(2008年版)〉的通知》(财税〔2008〕116号)

(4)《财政部 国家税务总局关于公共基础设施项目和环境保护节能节水项目企业所得税优惠政策问题的通知》(财税〔2012〕10号)第一条、第二条

(5)《财政部 国家税务总局关于公共基础设施项目享受企业所得税优惠政策问题的补充通知》(财税〔2014〕55号)第一条、第二条

(6)《国家税务总局关于实施国家重点扶持的公共基础设施项目企业所得税优惠问题的通知》(国税发〔2009〕80号)

政策链接

1-1[①] 《中华人民共和国企业所得税法》第二十七条第(二)项

2017年2月24日 中华人民共和国主席令第六十四号

第二十七条 企业的下列所得,可以免征、减征企业所得税:

……

(二)从事国家重点扶持的公共基础设施项目投资经营的所得。

1-2 《中华人民共和国企业所得税法实施条例》第八十七条、第八十九条

2007年12月6日 中华人民共和国国务院令第512号

第八十七条 企业所得税法第二十七条第(二)项所称国家重点扶持的公共基础设施项目,是指《公共基础设施项目企业所得税优惠目录》规定的港口码头、机场、铁路、公路、城市公共交通、电力、水利等项目。

企业从事前款规定的国家重点扶持的公共基础设施项目的投资经营的所

---

① 为方便读者检索,编者对首次出现的政策链接内容进行编码。该编码中的第一个数字1代表税收事项"1. 国家重点扶持的公共基础设施项目企业所得税'三免三减半'",第二个数字1代表该政策在所处税收事项中的政策序列。以下编码同此。

得,自项目取得第一笔生产经营收入所属纳税年度起,第一年至第三年免征企业所得税,第四年至第六年减半征收企业所得税。

企业承包经营、承包建设和内部自建自用本条规定的项目,不得享受本条规定的企业所得税优惠。

……

第八十九条 依照本条例第八十七条和第八十八条规定享受减免税优惠的项目,在减免税期限内转让的,受让方自受让之日起,可以在剩余期限内享受规定的减免税优惠;减免税期限届满后转让的,受让方不得就该项目重复享受减免税优惠。

1-3 《财政部 国家税务总局 国家发展和改革委员会关于公布〈公共基础设施项目企业所得税优惠目录(2008年版)〉的通知》

2008年9月8日 财税〔2008〕116号

各省、自治区、直辖市、计划单列市财政厅(局)、国家税务局、地方税务局、发展改革委、经贸委(经委),新疆生产建设兵团财务局:

《公共基础设施项目企业所得税优惠目录(2008年版)》已经国务院批准,现予以公布,自2008年1月1日起施行。

附件:公共基础设施项目企业所得税优惠目录(2008年版)

附件

公共基础设施项目企业所得税优惠目录(2008年版)

序号	类别	项目	范围、条件及技术标准
1	港口码头	码头、泊位、通航建筑物新建项目	由省级以上政府投资主管部门核准的沿海港口万吨级及以上泊位、内河千吨级及以上泊位、滚装泊位、内河航运枢纽新建项目
2	机场	民用机场新建项目	由国务院核准的民用机场新建项目,包括民用机场迁建、军航机场军民合用改造项目
3	铁路	铁路新线建设项目	由省级以上政府投资主管部门或国务院行业主管部门核准的客运专线、城际轨道交通和Ⅲ级及以上铁路建设项目
4	铁路	既有线路改造项目	由省级以上政府投资主管部门或国务院行业主管部门核准的铁路电气化改造、增建二线项目以及其他改造投入达到项目固定资产账面原值75%以上的改造项目
5	公路	公路新建项目	由省级以上政府投资主管部门核准的一级以上的公路建设项目
6	城市公共交通	城市快速轨道交通新建项目	由国务院核准的城市地铁、轻轨新建项目

续表

序号	类别	项目	范围、条件及技术标准
7	电力	水力发电新建项目（包括控制性水利枢纽工程）	由国务院投资主管部门核准的在主要河流上新建的水电项目，总装机容量在25万千瓦及以上的新建水电项目，以及抽水蓄能电站项目
8		核电站新建项目	由国务院核准的核电站新建项目
9		电网（输变电设施）新建项目	由国务院投资主管部门核准的330kv及以上跨省及长度超过200km的交流输变电新建项目，500kv及以上直流输变电新建项目；由省级以上政府投资主管部门核准的革命老区、老少边穷地区电网新建工程项目；农网输变电新建项目
10		风力发电新建项目	由政府投资主管部门核准的风力发电新建项目
11		海洋能发电新建项目	由省级以上政府投资主管部门核准的海洋能发电新建项目
12		太阳能发电新建项目	由政府投资主管部门核准的太阳能发电新建项目
13		地热发电新建项目	由政府投资主管部门核准的地热发电新建项目
14	水利	灌区配套设施及农业节水灌溉工程新建项目	由政府投资主管部门核准的灌区水源工程、灌排系统工程、节水工程
15		地表水水源工程新建项目	由政府投资主管部门核准的水库、塘堰、水窖及配套工程
16		调水工程新建项目	由政府投资主管部门核准的取水、输水、配水工程
17		农村人畜饮水工程新建项目	由政府投资主管部门核准的农村人畜饮水工程中取水、输水、净化水、配水工程
18		牧区水利工程新建项目	由政府投资主管部门核准的牧区水利工程中的取水、输配水、节水灌溉及配套工程

1-4 《财政部 国家税务总局关于公共基础设施项目和环境保护节能节水项目企业所得税优惠政策问题的通知》第一条、第二条

2012年1月5日 财税〔2012〕10号

一、企业从事符合《公共基础设施项目企业所得税优惠目录》规定，于2007年12月31日前已经批准的公共基础设施项目投资经营的所得，以及从事符合《环境保护、节能节水项目企业所得税优惠目录》规定，于2007年12月31日前已经批准的环境保护、节能节水项目的所得，可在该项目取得第一笔生产经营收入所属纳税年度起，按新税法规定计算的企业所得税"三免三减半"优惠期间内，自2008年1月1日起享受其剩余年限的减免企业所得税优惠。

二、如企业既符合享受上述税收优惠政策的条件，又符合享受《国务院

关于实施企业所得税过渡优惠政策的通知》（国发〔2007〕39号）第一条规定的企业所得税过渡优惠政策的条件，由企业选择最优惠的政策执行，不得叠加享受。

1-5 《财政部 国家税务总局关于公共基础设施项目享受企业所得税优惠政策问题的补充通知》第一条、第二条
2014年7月4日 财税〔2014〕55号

一、企业投资经营符合《公共基础设施项目企业所得税优惠目录》规定条件和标准的公共基础设施项目，采用一次核准、分批次（如码头、泊位、航站楼、跑道、路段、发电机组等）建设的，凡同时符合以下条件的，可按每一批次为单位计算所得，并享受企业所得税"三免三减半"优惠：

（一）不同批次在空间上相互独立；

（二）每一批次自身具备取得收入的功能；

（三）以每一批次为单位进行会计核算，单独计算所得，并合理分摊期间费用。

二、公共基础设施项目企业所得税"三免三减半"优惠的其他问题，继续按《财政部 国家税务总局关于执行公共基础设施项目企业所得税优惠目录有关问题的通知》（财税〔2008〕46号）、《国家税务总局关于实施国家重点扶持的公共基础设施项目企业所得税优惠问题的通知》（国税发〔2009〕80号）、《财政部 国家税务总局关于公共基础设施项目和环境保护、节能节水项目企业所得税优惠政策问题的通知》（财税〔2012〕10号）的规定执行。

1-6 《国家税务总局关于实施国家重点扶持的公共基础设施项目企业所得税优惠问题的通知》[①]
2009年4月16日 国税发〔2009〕80号

各省、自治区、直辖市和计划单列市国家税务局、地方税务局：

---

① 条款废止。第七条废止。参见：《国家税务总局关于公布失效废止的税务部门规章和税收规范性文件目录的决定》，国家税务总局令第42号。

政策调整。"企业从事国家重点扶持的公共基础设施项目投资经营的所得享受所得税优惠的备案核准"取消。参见：1.《国家税务总局关于贯彻落实〈国务院关于第一批取消62项中央指定地方实施行政审批事项的决定〉的通知》，税总发〔2015〕141号。2.《国务院关于第一批取消62项中央指定地方实施行政审批事项的决定》，国发〔2015〕57号。3.《国家税务总局关于公布已取消的22项税务非行政许可审批事项的公告》，国家税务总局公告2015年第58号。

为贯彻落实《中华人民共和国企业所得税法》及其实施条例关于国家重点扶持的公共基础设施项目企业所得税优惠政策，促进国家重点扶持的公共基础设施项目建设，现将实施该项优惠政策的有关问题通知如下：

一、对居民企业（以下简称企业）经有关部门批准，从事符合《公共基础设施项目企业所得税优惠目录》（以下简称《目录》）规定范围、条件和标准的公共基础设施项目的投资经营所得，自该项目取得第一笔生产经营收入所属纳税年度起，第一年至第三年免征企业所得税，第四年至第六年减半征收企业所得税。

企业从事承包经营、承包建设和内部自建自用《目录》规定项目的所得，不得享受前款规定的企业所得税优惠。

二、本通知所称第一笔生产经营收入，是指公共基础设施项目建成并投入运营（包括试运营）后所取得的第一笔主营业务收入。

三、本通知所称承包经营，是指与从事该项目经营的法人主体相独立的另一法人经营主体，通过承包该项目的经营管理而取得劳务性收益的经营活动。

四、本通知所称承包建设，是指与从事该项目经营的法人主体相独立的另一法人经营主体，通过承包该项目的工程建设而取得建筑劳务收益的经营活动。

五、本通知所称内部自建自用，是指项目的建设仅作为本企业主体经营业务的设施，满足本企业自身的生产经营活动需要，而不属于向他人提供公共服务业务的公共基础设施建设项目。

六、企业同时从事不在《目录》范围的生产经营项目取得的所得，应与享受优惠的公共基础设施项目经营所得分开核算，并合理分摊企业的期间共同费用；没有单独核算的，不得享受上述企业所得税优惠。

期间共同费用的合理分摊比例可以按照投资额、销售收入、资产额、人员工资等参数确定。上述比例一经确定，不得随意变更。凡特殊情况需要改变的，需报主管税务机关核准。

七、从事《目录》范围项目投资的居民企业应于从该项目取得的第一笔生产经营收入后15日内向主管税务机关备案并报送如下材料后，方可享受有关企业所得税优惠：

（一）有关部门批准该项目文件复印件；
（二）该项目完工验收报告复印件；
（三）该项目投资额验资报告复印件；
（四）税务机关要求提供的其他资料。

八、企业因生产经营发生变化或因《目录》调整，不再符合本办法规定减免税条件的,企业应当自发生变化15日内向主管税务机关提交书面报告并停止享受优惠,依法缴纳企业所得税。

九、企业在减免税期限内转让所享受减免税优惠的项目,受让方承续经营该项目的,可自受让之日起,在剩余优惠期限内享受规定的减免税优惠;减免税期限届满后转让的,受让方不得就该项目重复享受减免税优惠。

十、税务机关应结合纳税检查、执法检查或其他专项检查,每年定期对企业享受公共基础设施项目企业所得税减免税款事项进行核查,核查的主要内容包括:

(一)企业是否继续符合减免所得税的资格条件,所提供的有关情况证明材料是否真实。

(二)企业享受减免企业所得税的条件发生变化时,是否及时将变化情况报送税务机关,并根据本办法规定对适用优惠进行了调整。

十一、企业实际经营情况不符合企业所得税减免税规定条件的或采取虚假申报等手段获取减免税的、享受减免税条件发生变化未及时向税务机关报告的,以及未按本办法规定程序报送备案资料而自行减免税的,企业主管税务机关应按照税收征管法有关规定进行处理。

十二、本通知自2008年1月1日起执行。

2. 农村电网维护费免征增值税

【享受主体】

农村电管站以及收取农村电网维护费的其他单位。

【优惠内容】

1. 自1998年1月1日起,在收取电价时一并向用户收取的农村电网维护费免征增值税。
2. 对其他单位收取的农村电网维护费免征增值税。

【享受条件】

农村电网维护费包括低压线路损耗和维护费以及电工经费;对1998年1月1日前未征收入库的增值税税款,不再征收入库。

【政策依据】

(1)《财政部 国家税务总局关于免征农村电网维护费增值税问题的通

知》(财税字〔1998〕47号)第一条、第二条

(2)《国家税务总局关于农村电网维护费征免增值税问题的通知》(国税函〔2009〕591号)

政策链接

2-1 《财政部　国家税务总局关于免征农村电网维护费增值税问题的通知》第一条、第二条

1998年3月5日　财税字〔1998〕47号

根据国务院的指示精神,经研究决定,从1998年1月1日起,对农村电管站在收取电价时一并向用户收取的农村电网维护费(包括低压线路损耗和维护费以及电工经费)给予免征增值税的照顾。

对1998年1月1日前未征收入库的增值税税款,不再征收入库。

2-2 《国家税务总局关于农村电网维护费征免增值税问题的通知》

2009年10月23日　国税函〔2009〕591号

各省、自治区、直辖市和计划单列市国家税务局:

据反映,部分地区的农村电管站改制后,农村电网维护费原由农村电管站收取改为由电网公司或者农电公司等其他单位收取(以下称其他单位)。对其他单位收取的农村电网维护费是否免征增值税问题,现明确如下:

根据《财政部、国家税务总局关于免征农村电网维护费增值税问题的通知》(财税字〔1998〕47号)规定,对农村电管站在收取电价时一并向用户收取的农村电网维护费(包括低压线路损耗和维护费以及电工经费)免征增值税。鉴于部分地区农村电网维护费改由其他单位收取后,只是收费的主体发生了变化,收取方法、对象以及使用用途均未发生变化,为保持政策的一致性,对其他单位收取的农村电网维护费免征增值税,不得开具增值税专用发票。

(二)农田水利建设税收优惠

3. 县级及县级以下小型水力发电单位可适用简易办法缴纳增值税

【享受主体】

县级及县级以下小型水力发电单位(增值税一般纳税人)。

【优惠内容】

自 2014 年 7 月 1 日起,县级及县级以下小型水力发电单位生产的电力,可选择按照简易办法依照 3% 征收率计算缴纳增值税。

【享受条件】

小型水力发电单位,是指各类投资主体建设的装机容量为 5 万千瓦以下(含 5 万千瓦)的小型水力发电单位。

【政策依据】

(1)《财政部 国家税务总局关于部分货物适用增值税低税率和简易办法征收增值税政策的通知》(财税〔2009〕9 号)第二条第(三)项、第四条

(2)《财政部 国家税务总局关于简并增值税征收率政策的通知》(财税〔2014〕57 号)第二条、第四条

政策链接

3-1 《财政部 国家税务总局关于部分货物适用增值税低税率和简易办法征收增值税政策的通知》第二条第(三)项、第四条

2009 年 1 月 19 日　财税〔2009〕9 号

二、下列按简易办法征收增值税的优惠政策继续执行,不得抵扣进项税额:

……

(三)一般纳税人销售自产的下列货物,可选择按照简易办法依照 6% 征收率[①]计算缴纳增值税:

1. 县级及县级以下小型水力发电单位生产的电力。小型水力发电单位,是指各类投资主体建设的装机容量为 5 万千瓦以下(含 5 万千瓦)的小型水力发电单位。

2. 建筑用和生产建筑材料所用的砂、土、石料。

3. 以自己采掘的砂、土、石料或其他矿物连续生产的砖、瓦、石灰(不含粘土实心砖、瓦)。

4. 用微生物、微生物代谢产物、动物毒素、人或动物的血液或组织制成

---

① 条款修改。第二条第(三)项"依照 6% 征收率"修改为"依照 3% 征收率"。参见:《财政部 国家税务总局关于简并增值税征收率政策的通知》,财税〔2014〕57 号。

的生物制品。

5. 自来水。

6. 商品混凝土（仅限于以水泥为原料生产的水泥混凝土）。

一般纳税人选择简易办法计算缴纳增值税后，36个月内不得变更。

……

四、本通知自2009年1月1日起执行。《财政部、国家税务总局关于调整农业产品增值税税率和若干项目征免增值税的通知》（〔94〕财税字004号）、《财政部、国家税务总局关于自来水征收增值税问题的通知》（〔94〕财税字第014号）、《财政部、国家税务总局关于增值税、营业税若干政策规定的通知》（〔94〕财税字第026号）第九条和第十条、《国家税务总局关于印发〈增值税问题解答（之一）〉的通知》（国税函发〔1995〕288号）附件第十条、《国家税务总局关于调整部分按简易办法征收增值税的特定货物销售行为征收率的通知》（国税发〔1998〕122号）、《国家税务总局关于县以下小水电电力产品增值税征税问题的批复》（国税函〔1998〕843号）、《国家税务总局关于商品混凝土实行简易办法征收增值税问题的通知》（国税发〔2000〕37号）、《财政部、国家税务总局关于旧货和旧机动车增值税政策的通知》（财税〔2002〕29号）、《国家税务总局关于自来水行业增值税政策问题的通知》（国税发〔2002〕56号）、《财政部、国家税务总局关于宣传文化增值税和营业税优惠政策的通知》（财税〔2006〕153号）第一条、《国家税务总局关于明确县以下小型水力发电单位具体标准的批复》（国税函〔2006〕47号）、《国家税务总局关于商品混凝土征收增值税有关问题的通知》（国税函〔2007〕599号）、《财政部、国家税务总局关于二甲醚增值税适用税率问题的通知》（财税〔2008〕72号）同时废止。

3-2 《财政部 国家税务总局关于简并增值税征收率政策的通知》第二条、第四条

2014年6月13日 财税〔2014〕57号

二、财税〔2009〕9号文件第二条第（三）项和第三条"依照6%征收率"调整为"依照3%征收率"。

……

四、本通知自2014年7月1日起执行。

4. 水利设施用地免征城镇土地使用税

【享受主体】

水利设施及其管护用地的城镇土地使用税纳税人。

【优惠内容】

对水利设施及其管护用地（如水库库区、大坝、堤防、灌渠、泵站等用地），免征城镇土地使用税。

【享受条件】

纳税人的土地用于水利设施及其管护用途。

【政策依据】

《国家税务局关于水利设施用地征免土地使用税问题的规定》（国税地字〔1989〕第14号）

政策链接

4-1 《国家税务局关于水利设施用地征免土地使用税问题的规定》
1989年2月3日 国税地字〔1989〕第14号

为了支持水利事业发展，根据《中华人民共和国城镇土地使用税暂行条例》规定，对水利设施用地征免土地使用税问题，明确如下：

一、对水利设施及其管护用地（如水库库区、大坝、堤防、灌渠、泵站等用地），免征土地使用税；其他用地，如生产、办公、生活用地，应照章征收土地使用税。

二、对兼有发电的水利设施用地征免土地使用税问题，比照电力行业征免土地使用税的有关规定办理。

5. 农田水利占用耕地不征收耕地占用税

【享受主体】

占用耕地从事农田水利的纳税人。

【优惠内容】

农田水利占用耕地的,不征收耕地占用税。

【享受条件】

农田水利占用耕地。

【政策依据】

《中华人民共和国耕地占用税暂行条例实施细则》(中华人民共和国财政部 国家税务总局令第49号)第二条

政策链接

5-1 《中华人民共和国耕地占用税暂行条例实施细则》第二条

2008年2月26日 中华人民共和国财政部 国家税务总局令第49号

第二条 条例所称建房,包括建设建筑物和构筑物。农田水利占用耕地的,不征收耕地占用税。

6. 国家重大水利工程建设基金免征城市维护建设税

【享受主体】

收取国家重大水利工程建设基金的纳税人。

【优惠内容】

自2010年5月25日起,对国家重大水利工程建设基金免征城市维护建设税。

【享受条件】

纳税人收取国家重大水利工程建设基金。

【政策依据】

《财政部 国家税务总局关于免征国家重大水利工程建设基金的城市维护建设税和教育费附加的通知》(财税〔2010〕44号)

政策链接

6-1 《财政部 国家税务总局关于免征国家重大水利工程建设基金的城市维护建设税和教育费附加的通知》
2010年5月25日 财税〔2010〕44号

各省、自治区、直辖市、计划单列市财政厅（局）、地方税务局，新疆生产建设兵团财务局：

经国务院批准，为支持国家重大水利工程建设，对国家重大水利工程建设基金免征城市维护建设税和教育费附加。

本通知自发文之日起执行。

（三）农民住宅建设税收优惠

7. 农村居民占用耕地新建住宅减半征收耕地占用税

【享受主体】
　　农村居民。

【优惠内容】
　　农村居民占用耕地新建住宅，按照当地适用税额减半征收耕地占用税。

【享受条件】
　　农村居民占用耕地新建住宅，是指农村居民经批准在户口所在地按照规定标准占用耕地建设自用住宅。

【政策依据】
　　（1）《中华人民共和国耕地占用税暂行条例》第十条第一款
　　（2）《中华人民共和国耕地占用税暂行条例实施细则》第十八条第一款

政策链接

7-1 《中华人民共和国耕地占用税暂行条例》第十条第一款
　　2007年12月1日　中华人民共和国国务院令第511号

　　第十条　农村居民占用耕地新建住宅，按照当地适用税额减半征收耕地占用税。

7-2 《中华人民共和国耕地占用税暂行条例实施细则》第十八条第一款
　　2008年2月26日　中华人民共和国财政部　国家税务总局令第49号

　　第十八条　条例第十条规定减税的农村居民占用耕地新建住宅，是指农村居民经批准在户口所在地按照规定标准占用耕地建设自用住宅。

8. 困难居民新建住宅减免耕地占用税

【享受主体】

　　农村烈士家属、残疾军人、鳏寡孤独以及革命老根据地、少数民族聚居区和边远贫困山区生活困难的农村居民。

【优惠内容】

　　农村烈士家属、残疾军人、鳏寡孤独以及革命老根据地、少数民族聚居区和边远贫困山区生活困难的农村居民，在规定用地标准以内新建住宅缴纳耕地占用税确有困难的，经所在地乡（镇）人民政府审核，报经县级人民政府批准后，可以免征或者减征耕地占用税。

【享受条件】

　　农村居民占用耕地新建住宅，是指农村居民经批准在户口所在地按照规定标准占用耕地建设自用住宅。

　　经所在地乡（镇）人民政府审核，报经县级人民政府批准后，可以免征或者减征耕地占用税。

【政策依据】

(1)《中华人民共和国耕地占用税暂行条例》第十条第二款

(2)《中华人民共和国耕地占用税暂行条例实施细则》第十八条第一款（略，见文件7-2）

政策链接

8-1 《中华人民共和国耕地占用税暂行条例》第十条第二款

2007年12月1日　中华人民共和国国务院令第511号

农村烈士家属、残疾军人、鳏寡孤独以及革命老根据地、少数民族聚居区和边远贫困山区生活困难的农村居民，在规定用地标准以内新建住宅缴纳耕地占用税确有困难的，经所在地乡（镇）人民政府审核，报经县级人民政府批准后，可以免征或者减征耕地占用税。

9. 农村居民搬迁恢复耕地减免耕地占用税

【享受主体】

农村居民。

【优惠内容】

农村居民经批准搬迁，原宅基地恢复耕种，凡新建住宅占用耕地不超过原宅基地面积的，不征收耕地占用税；超过原宅基地面积的，对超过部分按照当地适用税额减半征收耕地占用税。

【享受条件】

1. 经批准搬迁，原宅基地恢复耕种。

2. 农村居民占用耕地新建住宅，是指农村居民经批准在户口所在地按照规定标准占用耕地建设自用住宅。

【政策依据】

《中华人民共和国耕地占用税暂行条例实施细则》第十八条

政策链接

9-1 《中华人民共和国耕地占用税暂行条例实施细则》第十八条
2008年2月26日　中华人民共和国财政部　国家税务总局令第49号

第十八条　条例第十条规定减税的农村居民占用耕地新建住宅，是指农村居民经批准在户口所在地按照规定标准占用耕地建设自用住宅。

农村居民经批准搬迁，原宅基地恢复耕种，凡新建住宅占用耕地不超过原宅基地面积的，不征收耕地占用税；超过原宅基地面积的，对超过部分按照当地适用税额减半征收耕地占用税。

（四）农村饮水工程税收优惠

10. 饮水工程新建项目投资经营所得企业所得税"三免三减半"

【享受主体】

饮水工程运营管理单位。

【优惠内容】

从事《公共基础设施项目企业所得税优惠目录》规定的饮水工程新建项目投资经营的所得，自项目取得第一笔生产经营收入所属纳税年度起，第一年至第三年免征企业所得税，第四年至第六年减半征收企业所得税。

【享受条件】

1. 饮水工程，是指为农村居民提供生活用水而建设的供水工程设施。
2. 饮水工程运营管理单位，是指负责饮水工程运营管理的自来水公司、供水公司、供水（总）站（厂、中心）、村集体、农民用水合作组织等单位。

【政策依据】

《财政部　国家税务总局关于继续实行农村饮水安全工程建设运营税收优惠政策的通知》（财税〔2016〕19号）第五条

政策链接

10-1 《财政部　国家税务总局关于继续实行农村饮水安全工程建设运营税收优惠政策的通知》第五条
2016年2月25日　财税〔2016〕19号

五、对饮水工程运营管理单位从事《公共基础设施项目企业所得税优惠目录》规定的饮水工程新建项目投资经营的所得，自项目取得第一笔生产经营收入所属纳税年度起，第一年至第三年免征企业所得税，第四年至第六年减半征收企业所得税。

11. 农村饮水安全工程免征增值税

【享受主体】

饮水工程运营管理单位。

【优惠内容】

自2016年1月1日至2018年12月31日，饮水工程运营管理单位向农村居民提供生活用水取得的自来水销售收入，免征增值税。

【享受条件】

1. 饮水工程，是指为农村居民提供生活用水而建设的供水工程设施。
2. 饮水工程运营管理单位，是指负责饮水工程运营管理的自来水公司、供水公司、供水（总）站（厂、中心）、村集体、农民用水合作组织等单位。

【政策依据】

《财政部　国家税务总局关于继续实行农村饮水安全工程建设运营税收优惠政策的通知》（财税〔2016〕19号）第四条

政策链接

11-1 《财政部 国家税务总局关于继续实行农村饮水安全工程建设运营税收优惠政策的通知》第四条
2016年2月25日 财税〔2016〕19号

四、对饮水工程运营管理单位向农村居民提供生活用水取得的自来水销售收入,免征增值税。

12. 农村饮水工程运营管理单位自用房产免征房产税

【享受主体】

饮水工程运营管理单位。

【优惠内容】

自2016年1月1日至2018年12月31日,饮水工程运营管理单位自用的生产、办公用房产,免征房产税。

【享受条件】

1. 饮水工程,是指为农村居民提供生活用水而建设的供水工程设施。
2. 饮水工程运营管理单位,是指负责饮水工程运营管理的自来水公司、供水公司、供水(总)站(厂、中心)、村集体、农民用水合作组织等单位。

【政策依据】

《财政部 国家税务总局关于继续实行农村饮水安全工程建设运营税收优惠政策的通知》(财税〔2016〕19号)第三条

政策链接

12-1 《财政部 国家税务总局关于继续实行农村饮水安全工程建设运营税收优惠政策的通知》第三条
2016年2月25日 财税〔2016〕19号

三、对饮水工程运营管理单位自用的生产、办公用房产、土地,免征房产税、城镇土地使用税。

13. 农村饮水工程运营管理单位自用土地免征城镇土地使用税

【享受主体】

饮水工程运营管理单位。

【优惠内容】

自 2016 年 1 月 1 日至 2018 年 12 月 31 日，饮水工程运营管理单位自用的生产、办公用土地，免征城镇土地使用税。

【享受条件】

1. 饮水工程，是指为农村居民提供生活用水而建设的供水工程设施。
2. 饮水工程运营管理单位，是指负责饮水工程运营管理的自来水公司、供水公司、供水（总）站（厂、中心）、村集体、农民用水合作组织等单位。

【政策依据】

《财政部 国家税务总局关于继续实行农村饮水安全工程建设运营税收优惠政策的通知》（财税〔2016〕19 号）第三条（略，见文件 12-1）

14. 建设饮水工程承受土地使用权免征契税

【享受主体】

饮水工程运营管理单位。

【优惠内容】

自 2016 年 1 月 1 日至 2018 年 12 月 31 日，饮水工程运营管理单位为建设饮水工程而承受土地使用权，免征契税。

【享受条件】

1. 饮水工程，是指为农村居民提供生活用水而建设的供水工程设施。
2. 饮水工程运营管理单位，是指负责饮水工程运营管理的自来水公司、供水公司、供水（总）站（厂、中心）、村集体、农民用水合作组织等单位。

【政策依据】

《财政部 国家税务总局关于继续实行农村饮水安全工程建设运营税收优

惠政策的通知》(财税〔2016〕19号)第一条

政策链接

14-1 《财政部　国家税务总局关于继续实行农村饮水安全工程建设运营税收优惠政策的通知》第一条
2016年2月25日　财税〔2016〕19号

一、对饮水工程运营管理单位为建设饮水工程而承受土地使用权，免征契税。

15. 农村饮水安全工程免征印花税

【享受主体】

饮水工程运营管理单位。

【优惠内容】

自2016年1月1日至2018年12月31日，饮水工程运营管理单位为建设饮水工程取得土地使用权而签订的产权转移书据，以及与施工单位签订的建设工程承包合同免征印花税。

【享受条件】

1. 饮水工程，是指为农村居民提供生活用水而建设的供水工程设施。
2. 饮水工程运营管理单位，是指负责饮水工程运营管理的自来水公司、供水公司、供水（总）站（厂、中心）、村集体、农民用水合作组织等单位。

【政策依据】

《财政部　国家税务总局关于继续实行农村饮水安全工程建设运营税收优惠政策的通知》(财税〔2016〕19号)第二条

政策链接

15-1 《财政部 国家税务总局关于继续实行农村饮水安全工程建设运营税收优惠政策的通知》第二条

2016年2月25日 财税〔2016〕19号

二、对饮水工程运营管理单位为建设饮水工程取得土地使用权而签订的产权转移书据，以及与施工单位签订的建设工程承包合同免征印花税。

二、推动涉农产业发展

（一）优化土地资源配置税收优惠

16. 转让土地使用权给农业生产者用于农业生产免征增值税

【享受主体】

转让土地使用权的纳税人。

【优惠内容】

将土地使用权转让给农业生产者用于农业生产，免征增值税。

【享受条件】

1. 土地使用权从纳税人转移到农业生产者。
2. 农业生产者取得土地使用权后用于农业生产。

【政策依据】

《财政部 国家税务总局关于全面推开营业税改征增值税试点的通知》（财税〔2016〕36号）附件3《营业税改征增值税试点过渡政策的规定》第三十五条

【政策链接】

16-1 《财政部 国家税务总局关于全面推开营业税改征增值税试点的通知》附件3《营业税改征增值税试点过渡政策的规定》第三十五条

2016年3月23日 财税〔2016〕36号

一、下列项目免征增值税

……

（三十五）将土地使用权转让给农业生产者用于农业生产。

17. 承包地流转给农业生产者用于农业生产免征增值税

【享受主体】

转让土地使用权的纳税人。

【优惠内容】

纳税人采取转包、出租、互换、转让、入股等方式将承包地流转给农业生产者用于农业生产，免征增值税。

【享受条件】

1. 采取转包、出租、互换、转让、入股等方式将承包地流转给农业生产者。
2. 农业生产者取得土地使用权后用于农业生产。

【政策依据】

《财政部　国家税务总局关于建筑服务等营改增试点政策的通知》（财税〔2017〕58号）第四条

<u>政策链接</u>

17-1 《财政部　国家税务总局关于建筑服务等营改增试点政策的通知》第四条

2017年7月11日　财税〔2017〕58号

四、纳税人采取转包、出租、互换、转让、入股等方式将承包地流转给农业生产者用于农业生产，免征增值税。

18. 直接用于农、林、牧、渔业生产用地免征城镇土地使用税

【享受主体】

从事农业生产的纳税人。

【优惠内容】

直接用于农、林、牧、渔业的生产用地免征城镇土地使用税。

【享受条件】

直接用于农、林、牧、渔业的生产用地,是指直接从事于种植、养殖、饲养的专业用地,不包括农副产品加工场地和生活、办公用地。

【政策依据】

(1)《中华人民共和国城镇土地使用税暂行条例》第六条第(五)项

(2)《国家税务局关于检发〈关于土地使用税若干具体问题的解释和暂行规定〉的通知》(国税地字〔1988〕15号)第十一条

政策链接

18-1 《中华人民共和国城镇土地使用税暂行条例》第六条第(五)项

2013年12月7日 中华人民共和国国务院令第645号

第六条 下列土地免缴土地使用税:

……

(五)直接用于农、林、牧、渔业的生产用地。

18-2 《国家税务总局关于检发〈关于土地使用税若干具体问题的解释和暂行规定〉的通知》第十一条

1988年10月24日 国税地字〔1988〕15号

十一、关于直接用于农、林、牧、渔业的生产用地的解释

直接用于农、林、牧、渔业的生产用地,是指直接从事于种植、养殖、饲养的专业用地,不包括农副产品加工场地和生活、办公用地。

19. 农村集体经济组织股份合作制改革免征契税

【享受主体】

农村集体经济组织。

【优惠内容】

自 2017 年 1 月 1 日起,对进行股份合作制改革后的农村集体经济组织承受原集体经济组织的土地、房屋权属,免征契税。

【享受条件】

经股份合作制改革后,承受原集体经济组织的土地、房屋权属。

【政策依据】

《财政部 税务总局关于支持农村集体产权制度改革有关税收政策的通知》(财税〔2017〕55 号)第一条

<u>政策链接</u>

19-1 《财政部 税务总局关于支持农村集体产权制度改革有关税收政策的通知》第一条
2017 年 6 月 22 日 财税〔2017〕55 号

一、对进行股份合作制改革后的农村集体经济组织承受原集体经济组织的土地、房屋权属,免征契税。

20. 农村集体经济组织清产核资免征契税

【享受主体】

农村集体经济组织以及代行集体经济组织职能的村民委员会、村民小组。

【优惠内容】

自 2017 年 1 月 1 日起,对农村集体经济组织以及代行集体经济组织职能的村民委员会、村民小组进行清产核资收回集体资产而承受土地、房屋权属,免征契税。

【享受条件】

进行清产核资收回集体资产而承受土地、房屋权属。

【政策依据】

《财政部 税务总局关于支持农村集体产权制度改革有关税收政策的通

知》(财税〔2017〕55号)第二条。

政策链接

20-1 《财政部 税务总局关于支持农村集体产权制度改革有关税收政策的通知》第二条
2017年6月22日 财税〔2017〕55号

二、对农村集体经济组织以及代行集体经济组织职能的村民委员会、村民小组进行清产核资收回集体资产而承受土地、房屋权属,免征契税。

对因农村集体经济组织以及代行集体经济组织职能的村民委员会、村民小组进行清产核资收回集体资产而签订的产权转移书据,免征印花税。

21. 收回集体资产签订产权转移书据免征印花税

【享受主体】

农村集体经济组织以及代行集体经济组织职能的村民委员会、村民小组。

【优惠内容】

自2017年1月1日起,对因农村集体经济组织以及代行集体经济组织职能的村民委员会、村民小组进行清产核资收回集体资产而签订的产权转移书据,免征印花税。

【享受条件】

因进行清产核资收回集体资产而签订的产权转移书据。

【政策依据】

《财政部 税务总局关于支持农村集体产权制度改革有关税收政策的通知》(财税〔2017〕55号)第二条(略,见文件20-1)

22. 农村土地、房屋确权登记不征收契税

【享受主体】

集体土地所有权人,宅基地和集体建设用地使用权人及宅基地、集体建设用地的地上房屋所有权人。

【优惠内容】

对农村集体土地所有权、宅基地和集体建设用地使用权及地上房屋确权登记,不征收契税。

【享受条件】

对农村集体土地所有权、宅基地和集体建设用地使用权及地上房屋确权登记。

【政策依据】

《财政部 税务总局关于支持农村集体产权制度改革有关税收政策的通知》(财税〔2017〕55号)第三条

政策链接

22-1 《财政部 税务总局关于支持农村集体产权制度改革有关税收政策的通知》第三条
2017年6月22日 财税〔2017〕55号

……

三、对农村集体土地所有权、宅基地和集体建设用地使用权及地上房屋确权登记,不征收契税。

……

(二)促进农业生产税收优惠

23. 农业生产者销售的自产农产品免征增值税

【享受主体】

农业生产者。

【优惠内容】

农业生产者销售的自产农产品免征增值税。

【享受条件】

1. 从事种植业、养殖业、林业、牧业、水产业的单位和个人生产的初级农产品免征增值税。

2. 农产品应当是列入《农业产品征税范围注释》(财税字〔1995〕52号)的初级农业产品。

【政策依据】

(1)《中华人民共和国增值税暂行条例》第十五条第(一)项

(2)《中华人民共和国增值税暂行条例实施细则》第三十五条第(一)项

(3)《财政部 国家税务总局关于印发〈农业产品征税范围注释〉的通知》(财税字〔1995〕52号)

政策链接

23-1 《中华人民共和国增值税暂行条例》第十五条第(一)项

2017年11月19日 中华人民共和国国务院令第691号

第十五条 下列项目免征增值税:

(一)农业生产者销售的自产农产品。

23-2 《中华人民共和国增值税暂行条例实施细则》第三十五条第(一)项

2011年10月28日 中华人民共和国财政部令第65号

第三十五条 条例第十五条规定的部分免税项目的范围,限定如下:

(一)第一款第(一)项所称农业,是指种植业、养殖业、林业、牧业、水产业。

农业生产者,包括从事农业生产的单位和个人。

农产品,是指初级农产品,具体范围由财政部、国家税务总局确定。

23-3 《财政部 国家税务总局关于印发〈农业产品征税范围注释〉的通知》

1995年6月15日 财税字〔1995〕52号

根据《财政部、国家税务总局关于调整农业产品增值税税率和若干项目征免增值税的通知》〔(94)财税字第4号〕的规定,从1994年5月1日起,农业产品增值税税率已由17%调整为13%。现将《农业产品征税范围注释》(以下简称注释)印发给你们,并就有关问题明确如下:

一、《中华人民共和国增值税暂行条例》第十六条所列免税项目的第一项所称的"农业生产者销售的自产农业产品",是指直接从事植物的种植、收割和动物的饲养、捕捞的单位和个人销售的注释所列的自产农业产品;对上述单位和个人销售的外购的农业产品,以及单位和个人外购农业产品生产、加工后销售的仍然属于注释所列的农业产品,不属于免税的范围,应当按照规定税率征收增值税。

二、农业生产者用自产的茶青再经筛分、风选、拣剔、碎块、干燥、匀堆等工序精制而成的精制茶,不得按照农业生产者销售的自产农业产品免税的规定执行,应当按照规定的税率征税。

本通知从1995年7月1日起执行,原各地国家税务局规定的农业产品范围同时废止。

附件:农业产品征税范围注释

附件

农业产品征税范围注释

农业产品是指种植业、养殖业、林业、牧业、水产业生产的各种植物、动物的初级产品。农业产品的征税范围包括:

一、植物类

植物类包括人工种植和天然生长的各种植物的初级产品。具体征税范围为:

(一)粮食

粮食是指各种主食食科植物果实的总称。本货物的征税范围包括小麦、稻谷、玉米、高粱、谷子和其他杂粮(如:大麦、燕麦等),以及经碾磨、脱壳等工艺加工后的粮食(如:面粉,米,玉米面、渣等)。

切面、饺子皮、馄饨皮、面皮、米粉等粮食复制品,也属于本货物的征税范围。

以粮食为原料加工的速冻食品、方便面、副食品和各种熟食品,不属于本货物的征税范围。

(二)蔬菜

蔬菜是指可作副食的草本、木本植物的总称。本货物的征税范围包括各种蔬菜、菌类植物和少数可作副食的木本植物。

经晾晒、冷藏、冷冻、包装、脱水等工序加工的蔬菜,腌菜、咸菜、酱菜和盐渍蔬菜等,也属于本货物的征税范围。

各种蔬菜罐头（罐头是指以金属罐、玻璃瓶和其他材料包装，经排气密封的各种食品。下同）不属于本货物的征税范围。

（二）烟叶

烟叶是指各种烟草的叶片和经过简单加工的叶片。本货物的征税范围包括晒烟叶、晾烟叶和初烤烟叶。

1. 晒烟叶。是指利用太阳能露天晒制的烟叶。
2. 晾烟叶。是指在晾房内自然干燥的烟叶。
3. 初烤烟叶。是指烟草种植者直接烤制的烟叶。不包括专业复烤厂烤制的复烤烟叶。

（四）茶叶

茶叶是指从茶树上采摘下来的鲜叶和嫩芽（即茶青），以及经吹干、揉拌、发酵、烘干等工序初制的茶。本货物的征税范围包括各种毛茶（如红毛茶、绿毛茶、乌龙毛茶、白毛茶、黑毛茶等）。

精制茶、边销茶及掺对各种药物的茶和茶饮料，不属于本货物的征税范围。

（五）园艺植物

园艺植物是指可供食用的果实，如水果、果干（如荔枝干、桂圆干、葡萄干等）、干果、果仁、果用瓜（如甜瓜、西瓜、哈密瓜等），以及胡椒、花椒、大料、咖啡豆等。

经冷冻、冷藏、包装等工序加工的园艺植物，也属于本货物的征税范围。

各种水果罐头，果脯，蜜饯，炒制的果仁、坚果，碾磨后的园艺植物（如胡椒粉、花椒粉等），不属于本货物的征税范围。

（六）药用植物

药用植物是指用作中药原药的各种植物的根、茎、皮、叶、花、果实等。

利用上述药用植物加工制成的片、丝、块、段等中药饮片，也属于本货物的征税范围。

中成药不属于本货物的征税范围。

（七）油料植物

油料植物是指主要用作榨取油脂的各种植物的根、茎、叶、果实、花或者胚芽组织等初级产品，如菜子（包括芥菜子）、花生、大豆、葵花子、蓖麻子、芝麻子、胡麻子、茶子、桐子、橄榄仁、棕榈仁、棉籽等。

提取芳香油的芳香油料植物，也属于本货物的征税范围。

（八）纤维植物

纤维植物是指利用其纤维作纺织、造纸原料或者绳索的植物，如棉（包括籽棉、皮棉、絮棉）、大麻、黄麻、槿麻、苎麻、茼麻、亚麻、罗布麻、蕉麻、剑麻等。

棉短绒和麻纤维经脱胶后的精干（洗）麻，也属于本货物的征税范围。

（九）糖料植物

糖料植物是指主要用作制糖的各种植物，如甘蔗、甜菜等。

（十）林业产品

林业产品是指乔木、灌木和竹类植物，以及天然树脂、天然橡胶。林业产品的征税范围包括：

1. 原木。是指将砍伐倒的乔木去其枝芽、梢头或者皮的乔木、灌木，以及锯成一定长度的木段。

锯材不属于本货物的征税范围。

2. 原竹。是指将砍倒的竹去其枝、梢或者叶的竹类植物，以及锯成一定长度的竹段。

3. 天然树脂。是指木科植物的分泌物，包括生漆、树脂和树胶，如松脂、桃胶、樱胶、阿拉伯胶、古巴胶和天然橡胶（包括乳胶和干胶）等。

4. 其他林业产品。是指除上述列举林业产品以外的其他各种林业产品，如竹笋、笋干、棕竹、棕榈衣、树枝、树叶、树皮、藤条等。

盐水竹笋也属于本货物的征税范围。

竹笋罐头不属于本货物的征税范围。

（十一）其他植物

其他植物是指除上述列举植物以外的其他各种人工种植和野生的植物，如树苗、花卉、植物种子、植物叶子、草、麦秸、豆类、薯类、藻类植物等。

干花、干草、薯干、干制的藻类植物，农业产品的下脚料等，也属于本货物的征税范围。

二、动物类

动物类包括人工养殖和天然生长的各种动物的初级产品。具体征税范围为：

（一）水产品

水产品是指人工放养和人工捕捞的鱼、虾、蟹、鳖、贝类、棘皮类、软体类、腔肠类、海兽类动物。本货物的征税范围包括鱼、虾、蟹、鳖、贝类、棘皮类、软体类、腔肠类、海兽类、鱼苗（卵）、虾苗、蟹苗、贝苗（秧），以及经冷冻、冷藏、盐渍等防腐处理和包装的水产品。

干制的鱼、虾、蟹、贝类、棘皮类、软体类、腔肠类，如干鱼、干虾、干虾仁、干贝等，以及未加工成工艺品的贝壳、珍珠，也属于本货物的征税范围。

熟制的水产品和各类水产品的罐头，不属于本货物的征税范围。

（二）畜牧产品

畜牧产品是指人工饲养、繁殖取得和捕获的各种畜禽。本货物的征税范围包括：

1. 兽类、禽类和爬行类动物，如牛、马、猪、羊、鸡、鸭等。

2. 兽类、禽类和爬行类动物的肉产品，包括整块或者分割的鲜肉、冷藏或者冷冻肉、盐渍肉，兽类、禽类和爬行类动物的内脏、头、尾、蹄等组织。

各种兽类、禽类和爬行类动物的肉类生制品，如腊肉、腌肉、熏肉等，也属于本货物的征税范围。

各种肉类罐头、肉类熟制品，不属于本货物的征税范围。

3. 蛋类产品。是指各种禽类动物和爬行类动物的卵，包括鲜蛋、冷藏蛋。

经加工的咸蛋、松花蛋、腌制的蛋等，也属于本货物的征税范围。

各种蛋类的罐头不属于本货物的征税范围。

4. 鲜奶。是指各种哺乳类动物的乳汁和经净化、杀菌等加工工序生产的乳汁。

用鲜奶加工的各种奶制品，如酸奶、奶酪、奶油等，不属于本货物的征税范围。

（三）动物皮张

动物皮张是指从各种动物（兽类、禽类和爬行类动物）身上直接剥取的，未经鞣制的生皮、生皮张。

将生皮、生皮张用清水、盐水或者防腐药水浸泡、刮里、脱毛、晒干或者熏干，未经鞣制的，也属于本货物的征税范围。

（四）动物毛绒

动物毛绒是指未经洗净的各种动物的毛发、绒发和羽毛。

洗净毛、洗净绒等不属于本货物的征税范围。

（五）其他动物组织

其他动物组织是指上述列举以外的兽类、禽类、爬行类动物的其他组织，以及昆虫类动物。

1. 蚕茧。包括鲜茧和干茧，以及蚕蛹。
2. 天然蜂蜜。是指采集的未经加工的天然蜂蜜、鲜蜂王浆等。
3. 动物树脂，如虫胶等。
4. 其他动物组织，如动物骨、壳、兽角、动物血液、动物分泌物、蚕种等。

24. 进口种子种源免征进口环节增值税

【享受主体】

进口种子种源的增值税纳税人。

【优惠内容】

2016年1月1日至2020年12月31日，对进口种子（苗）、种畜（禽）、鱼种（苗）和种用野生动植物种源免征进口环节增值税。

【享受条件】

1. 免税品种范围

（1）与农林业生产密切相关，并直接用于或服务于农林业生产的下列种子（苗）、种畜（禽）和鱼种（苗）（以下简称种子种苗）：

①用于种植和培育各种农作物和林木的种子（苗）；

②用于饲养以获得各种畜禽产品的种畜（禽）；

③用于培育和养殖的水产种（苗）；

④用于农林业科学研究与试验的种子（苗）、种畜（禽）和水产种（苗）。

（2）野生动植物种源。

（3）警用工作犬及其精液和胚胎。

2. 免税申请条件

（1）种子种苗进口免税应同时符合以下条件：

①在免税货品清单内，即属于《财政部、海关总署、国家税务总局关于"十三五"期间进口种子种源税收政策管理办法的通知》（财关税〔2016〕64号）附件1第一至第三部分所列货品；

②直接用于或服务于农林业生产。免税进口的种子种苗不得用于度假村、俱乐部、高尔夫球场、足球场等消费场所或运动场所的建设和服务。

（2）野生动植物种源进口免税应同时符合以下条件：

①在免税货品清单内，即属于《财政部、海关总署、国家税务总局关于"十三五"期间进口种子种源税收政策管理办法的通知》（财关税〔2016〕64号）附件1第四部分所列货品；

②用于科研，或育种，或繁殖。进口单位应是具备研究和培育繁殖条件的动植物科研院所、动物园、专业动植物保护单位、养殖场和种植园。

【政策依据】

《财政部 海关总署 国家税务总局关于"十三五"期间进口种子种源税收政策管理办法的通知》（财关税〔2016〕64号）

政策链接

24-1 《财政部 海关总署 国家税务总局关于"十三五"期间进口种子种源税收政策管理办法的通知》

2016年11月24日 财关税〔2016〕64号

公安部、国家安全部、农业部、国家林业局，中央军委联合参谋部，武警总部，各省、自治区、直辖市、计划单列市财政厅（局）、国家税务局，新疆生产建设兵团财务局，海关总署广东分署、各直属海关：

经国务院批准，在"十三五"期间，即2016年1月1日至2020年12月31日，继续对进口种子（苗）、种畜（禽）、鱼种（苗）和种用野生动植物种源（以下简称种子种源）免征进口环节增值税（以下简称免税）。为加强种子种源进口免税政策管理，现将有关事项通知如下：

一、免税政策目标

种子种源进口免税政策旨在支持引进和推广良种，加强物种资源保护，丰富我国动植物资源，发展优质、高产、高效农林业，降低农林产品生产成本。

二、免税品种范围

（一）与农林业生产密切相关，并直接用于或服务于农林业生产的下列种子（苗）、种畜（禽）和鱼种（苗）（以下简称种子种苗）：

1. 用于种植和培育各种农作物和林木的种子（苗）；
2. 用于饲养以获得各种畜禽产品的种畜（禽）；
3. 用于培育和养殖的水产种（苗）；
4. 用于农林业科学研究与试验的种子（苗）、种畜（禽）和水产种（苗）。

（二）野生动植物种源。

（三）警用工作犬及其精液和胚胎。

三、免税申请条件

（一）种子种苗进口免税应同时符合以下条件：

1. 在免税货品清单内，即属于附件1第一至第三部分所列货品。

2. 直接用于或服务于农林业生产。免税进口的种子种苗不得用于度假村、俱乐部、高尔夫球场、足球场等消费场所或运动场所的建设和服务。

(二) 野生动植物种源进口免税应同时符合以下条件：

1. 在免税货品清单内，即属于附件1第四部分所列货品。

2. 用于科研，或育种，或繁殖。进口单位应是具备研究和培育繁殖条件的动植物科研院所、动物园、专业动植物保护单位、养殖场和种植园。

(三) 免税进口工作犬相关货品应为军队、武警、公安、安全部门（含缉私警察）进口的警用工作犬，以及繁育用的工作犬精液和胚胎。

四、免税政策操作流程

(一) 种子种苗和野生动植物种源操作流程。

申请免税进口第二条（一）、（二）项下货品的进口单位，应向农业部或国家林业局（以下称产业主管部门）提出年度免税进口需求。产业主管部门汇总后向财政部提出年度免税进口建议，财政部会同海关总署和国家税务总局在附件1所列免税货品清单范围内，核定年度免税进口计划。产业主管部门在年度免税进口计划内为进口单位进行有关单据的标注工作。进口单位在产业主管部门标注的免税品种、数量范围内，按有关规定向海关申请办理减免税手续。具体流程及要求如下：

1. 进口单位提出进口需求。

符合第三条（一）、（二）规定的进口单位，应按照产业主管部门相关规定，向其提出年度免税进口需求，说明需要免税进口的品种、数量、最终用途等必要情况。其中，以科研为目的，申请免税进口野生动植物种源的，应说明科研项目简况，并在科研项目结束后60日内，向产业主管部门提供科研项目成果。

2. 产业主管部门提出免税进口建议。

产业主管部门不迟于当年11月30日，结合产业发展规划、进口单位免税进口需求以及免税进口计划执行情况，在附件1所列免税货品清单范围内，向财政部提出今后年度免税进口建议，并抄送海关总署和国家税务总局。

产业主管部门应在免税进口建议中，对建议数量的增减情况进行分析说明，其中以育种或繁殖为目的的野生动植物种源，建议数量应以确保野生动植物存活和种群繁衍的合理需要为限。

产业主管部门提出的免税进口建议，应涵盖其主管的全部免税进口货品，可以包括连续数个年度免税进口数量，并按照附件2格式报送。

3. 财政部会同有关部门核定年度免税进口计划。

财政部会同海关总署、国家税务总局对产业主管部门报送的年度免税进口建议进行审核，在附件1所列免税货品清单范围内，核定年度免税进口品种和数量。核定的年度免税进口数量原则上不低于上一年度核定数量的40%。

经核定的年度免税进口计划在公历年度当年内有效，不得跨年度结转。除特殊情况外,已经核定的年度免税进口计划原则上不予追加。

4. 产业主管部门标注确认进口单位的免税进口品种和数量。

产业主管部门在对动植物苗种进(出)口、种子苗木(种用)进口、野生动植物种源进(出)口审批的同时,应分别按照附件3、4、5表格,标注确认进口单位所进口的品种和数量是否符合年度免税进口计划所核定的免税品种、数量范围,并对可转让和销售的种子种源(仅限于附件1第1~3项,第9~11项,第16~30项,第44~47项货品)的免税品种和数量范围,在"最终用途"栏内标注"可转让和销售"。

对于每个免税品种,产业主管部门标注确认的免税数量合计,不得超出对该品种核定的年度免税进口计划数量。

在当年免税进口计划印发之日前,对于上一年度免税进口计划中已列名的品种,产业主管部门在对进口审批的同时,可以在上一年度核定的免税进口计划数量的40%以内,标注确认免税进口品种和数量,并对可转让和销售的种子种源(仅限于附件1第1~3项,第9~11项,第16~30项,第44~47项货品)的免税品种和数量范围,在"最终用途"栏内标注"可转让和销售"。

5. 进口单位办理进口减免税手续。

进口单位应在附件3、4、5表格明确的有效期内,严格按照产业主管部门标注确认的免税品种、数量、最终用途,按海关有关规定向海关申请办理减免税手续。

未经产业主管部门标注确认免税的进口货品应照章征收进口环节增值税。

(二)工作犬相关货品操作流程。

申请免税进口第二条(三)项下货品且符合第三条(三)项规定的进口单位,凭主管部门出具的证明有关工作犬和工作犬精液及胚胎属于免税品种范围的说明文件,以及其他相关材料,按有关规定向海关申请办理减免税手续。

五、免税政策监管

种子种源在免税进口后,由产业主管部门和工作犬相关货品的主管部门加强管理。产业主管部门和工作犬相关货品的主管部门应确保进口单位和免税进口种子种源的最终用途符合第三条规定。

免税进口的种子种源,除产业主管部门按第四条相关规定已标注"可转让和销售"的以外,未经合理种植试验、培育、养殖或饲养,不得擅自转让和销售。产业主管部门应在本通知印发后2个月内另行制定出台"合理种植试验、培育、养殖或饲养"的标准,并配合有关部门做好相关工作。对违反本通知规定的种子种源进口单位,暂停其1年免税资格;对依法被追究刑事责任的种子种源进口单位,暂停其3年免税资格。

从 2017 年起，产业主管部门每年不迟于 1 月 31 日向财政部报送上一年度免税进口计划执行情况，并对免税进口计划执行率较低的品种，进行分析说明。进口计划执行情况按照附件 6、7 格式提供，同时抄送海关总署和国家税务总局。

财政部将会同海关总署、国家税务总局等有关部门适时对政策执行情况进行监督检查。对擅自超出核定免税进口计划以及超过上一年度核定免税计划数量 40% 标注确认免税进口品种和数量的产业主管部门，一经核实，财政部将会同海关总署、国家税务总局将有关情况函告产业主管部门，请其限期整改。

财政部、海关总署、国家税务总局及农业部、国家林业局等有关部门及其工作人员在种子种源进口免税政策执行过程中，存在违反执行免税政策规定的行为，以及滥用职权、玩忽职守、徇私舞弊等违法违纪行为的，按照《预算法》《公务员法》《行政监察法》《财政违法行为处罚处分条例》等国家有关规定追究相应责任；涉嫌犯罪的，移送司法机关处理。

六、文件有效期

本通知有效期为 2016 年 1 月 1 日至 2020 年 12 月 31 日。

从印发之日起，对《财政部 国家税务总局关于"十二五"期间进口种子（苗）种畜（禽）鱼种（苗）和种用野生动植物种源税收问题的通知》（财关税〔2011〕9 号）、《财政部 海关总署 国家税务总局关于种子（苗）种畜（禽）鱼种（苗）和种用野生动植物种源免征进口环节增值税政策及 2011 年进口计划的通知》（财关税〔2011〕36 号）、《财政部 海关总署 国家税务总局关于印发〈"十二五"期间进口种子种源进口免税政策管理办法〉的通知》（财关税〔2011〕76 号）、《财政部 海关总署 国家税务总局关于调整 2015 年进口种子种源进口免税政策执行方式有关问题的通知》（财关税〔2015〕38 号）予以废止。

附件：1. 进口种子种源免税货品清单（编者略）[①]
  2. 20××年种子种源免税进口计划建议表（编者略）
  3. 中华人民共和国农业部动植物苗种进（出）口审批表（编者略）
  4. 国家林业局种子苗木（种用）进口许可表（编者略）
  5. 国家濒管办进口种用野生动植物种源确认表（编者略）
  6. 20××年种子（苗）、种畜（禽）和鱼种（苗）免税进口计划执行情况表（编者略）
  7. 20××年种用野生动植物种源免税进口计划执行情况表（编者略）

[①] 编者略内容请登录中国税务出版社税收资讯网（http://www.taxation.cn）查阅，全书同。

25. 进口玉米糠、稻米糠等饲料免征增值税

【享受主体】

进口饲料的纳税人。

【优惠内容】

经国务院批准,对《进口饲料免征增值税范围》所列进口饲料范围免征进口环节增值税。

【享受条件】

纳税人进口《进口饲料免征增值税范围》内的饲料。

进口饲料免征增值税的商品范围

序号	税则号列	货品名称	法定增值税税率(%)	执行增值税税率(%)
1	23012010	饲料用鱼粉	13	免
2	23012090	其他不适用供人食用的水产品残渣	13	免
3	23021000	玉米糠、麸及其他残渣	13	免
4	23022000	稻米糠、麸及其他残渣	13	免
5	23023000	小麦糠、麸及其他残渣	13	免
6	23024000	其他谷物糠、麸及其他残渣	13	免
7	23033000	酿造及蒸馏过程中的糟粕及残渣	13	免
8	23050000	花生油渣饼	13	免
9	23061000	棉子油渣饼	13	免
10	23062000	亚麻子油渣饼	13	免
11	23063000	葵花子油渣饼	13	免
12	23064000	油菜子油渣饼	13	免
13	23070000	葡萄酒渣、粗酒石	13	免
14	12141000	紫苜蓿粗粉及团粒	13	免
15	12149000	芜菁甘蓝、饲料甜菜等其他植物饲料	13	免

【政策依据】

《财政部 国家税务总局关于免征饲料进口环节增值税的通知》(财税〔2001〕82号)

政策链接

25-1 《财政部 国家税务总局关于免征饲料进口环节增值税的通知》2001年8月14日 财税〔2001〕82号

海关总署：

经国务院批准，对《进口饲料免征增值税范围》（见附表）所列进口饲料范围免征进口环节增值税。序号1~13的商品，自2001年1月1日起执行；序号14~15的商品，自2001年8月1日起执行。此前进口的饲料，请按本通知规定退补进口环节增值税。

附件：进口饲料免征增值税的商品范围（编者略）

26. 单一大宗饲料等在国内流通环节免征增值税

【享受主体】

从事饲料生产销售的纳税人。

【优惠内容】

饲料生产企业生产销售单一大宗饲料、混合饲料、配合饲料、复合预混料、浓缩饲料，免征增值税。

【享受条件】

1. 单一大宗饲料，指以一种动物、植物、微生物或矿物质为来源的产品或其副产品。其范围仅限于糠麸、酒糟、鱼粉、草饲料、饲料级磷酸氢钙及除豆粕以外的菜子粕、棉子粕、向日葵粕、花生粕等粕类产品。

2. 混合饲料，指由两种以上单一大宗饲料、粮食、粮食副产品及饲料添加剂按照一定比例配置，其中单一大宗饲料、粮食及粮食副产品的掺兑比例不低于95%的饲料。

3. 配合饲料，指根据不同的饲养对象，饲养对象的不同生长发育阶段的营养需要，将多种饲料原料按饲料配方经工业生产后，形成的能满足饲养动物全部营养需要（除水分外）的饲料。

4. 复合预混料，指能够按照国家有关饲料产品的标准要求量，全面提供动物饲养相应阶段所需微量元素（4种或以上）、维生素（8种或以上），由微量元素、维生素、氨基酸和非营养性添加剂中任何两类或两类以上的组分与载体或稀释剂按一定比例配置的均匀混合物。

5. 浓缩饲料，指由蛋白质、复合预混料及矿物质等按一定比例配制的均匀混合物。

6. 原有的饲料生产企业及新办的饲料生产企业，应凭省级税务机关认可的饲料质量检测机构出具的饲料产品合格证明，向所在地主管税务机关提出免税申请，经省级国家税务局审核批准后，由企业所在地主管税务机关办理免征增值税手续。

【政策依据】

（1）《财政部　国家税务总局关于饲料产品免征增值税问题的通知》（财税〔2001〕121号）第一条

（2）《国家税务总局关于印发〈增值税部分货物征税范围注释〉的通知》（国税发〔1993〕151号）第十二条

政策链接

26-1 《财政部　国家税务总局关于饲料产品免征增值税问题的通知》第一条
2001年7月12日　财税〔2001〕121号

一、免税饲料产品范围包括：

（一）单一大宗饲料。指以一种动物、植物、微生物或矿物质为来源的产品或其副产品。其范围仅限于糠麸、酒糟、鱼粉、草饲料、饲料级磷酸氢钙及除豆粕以外的菜子粕、棉子粕、向日葵粕、花生粕等粕类产品。

（二）混合饲料。指由两种以上单一大宗饲料、粮食、粮食副产品及饲料添加剂按照一定比例配置，其中单一大宗饲料、粮食及粮食副产品的掺兑比例不低于95%的饲料。

（三）配合饲料。指根据不同的饲养对象，饲养对象的不同生长发育阶段的营养需要，将多种饲料原料按饲料配方经工业生产后，形成的能满足饲养动物全部营养需要（除水分外）的饲料。

（四）复合预混料。指能够按照国家有关饲料产品的标准要求量，全面提供动物饲养相应阶段所需微量元素（4种或以上）、维生素（8种或以上），由微量元素、维生素、氨基酸和非营养性添加剂中任何两类或两类以上的组分与载体或稀释剂按一定比例配置的均匀混合物。

（五）浓缩饲料。指由蛋白质、复合预混料及矿物质等按一定比例配制的均匀混合物。

26-2 《国家税务总局关于印发〈增值税部分货物征税范围注释〉的通知》第十二条
1993年12月25日　国税发〔1993〕151号

十二、饲料

饲料是指用于动物饲养的产品或其加工品。

本货物的范围包括：

（一）单一饲料：指作饲料用的某一种动物、植物、微生物产品或其加工品。

（二）混合饲料：指采用简单方法，将两种以上的单一饲料混合到一起的饲料。

（三）配合饲料：指根据不同的饲养对象、饲养对象的不同生长发育阶段对各种营养成分的不同需要量，采用科学的方法，将不同的饲料按一定的比例配合到一起，并均匀地搅拌，制成一定料型的饲料。

直接用于动物饲养的粮食、饲料添加剂不属于本货物的范围。

27. 生产销售有机肥免征增值税

【享受主体】

从事生产销售和批发、零售有机肥产品的纳税人。

【优惠内容】

自2008年6月1日起，纳税人生产销售和批发、零售有机肥产品免征增值税。

【享受条件】

1. 享受上述免税政策的有机肥产品是指有机肥料、有机—无机复混肥料和生物有机肥。

2. 有机肥料，指来源于植物和（或）动物，施于土壤以提供植物营养为主要功能的含碳物料。

3. 有机—无机复混肥料，指由有机和无机肥料混合和（或）化合制成的含有一定量有机肥料的复混肥料。

4. 生物有机肥，指特定功能微生物与主要以动植物残体（如禽畜粪便、农作物秸秆等）为来源并经无害化处理、腐熟的有机物料复合而成的一类兼具微生物肥料和有机肥效应的肥料。

5. 生产有机肥产品的纳税人申请免征增值税，应向主管税务机关提供由农业部或省、自治区、直辖市农业行政主管部门批准核发的在有效期内的肥料登记证复印件，并出示原件；由肥料产品质量检验机构一年内出具的有机肥产品质量技术检测合格报告原件，出具报告的肥料产品质量检验机构须通过相关资质认定；在省、自治区、直辖市外销售有机肥产品的，还应提供在销售使用地省级农业行政主管部门办理备案的证明原件。

6. 批发、零售有机肥产品的纳税人申请免征增值税，应向主管税务机关提供生产企业在有效期内的肥料登记证复印件、生产企业产品质量技术检验合格报告原件，在省、自治区、直辖市外销售有机肥产品的，还应提供在销售使用地省级农业行政主管部门办理备案的证明复印件。

【政策依据】

《财政部　国家税务总局关于有机肥产品免征增值税的通知》（财税〔2008〕56号）

政策链接

27-1 《财政部　国家税务总局关于有机肥产品免征增值税的通知》
2008年4月29日　财税〔2008〕56号

各省、自治区、直辖市、计划单列市财政厅（局）、国家税务局，新疆生产建设兵团财务局：

为科学调整农业施肥结构，改善农业生态环境，经国务院批准，现将有机肥产品有关增值税政策通知如下：

一、自2008年6月1日起，纳税人生产销售和批发、零售有机肥产品免征增值税。

二、享受上述免税政策的有机肥产品是指有机肥料、有机—无机复混肥料和生物有机肥。

（一）有机肥料

指来源于植物和（或）动物，施于土壤以提供植物营养为主要功能的含碳物料。

（二）有机—无机复混肥料

指由有机和无机肥料混合和（或）化合制成的含有一定量有机肥料的复混肥料。

（三）生物有机肥

指特定功能微生物与主要以动植物残体（如禽畜粪便、农作物秸秆等）为来源并经无害化处理、腐熟的有机物料复合而成的一类兼具微生物肥料和有机肥效应的肥料。

三、享受免税政策的纳税人应按照《中华人民共和国增值税暂行条例》（国务院令〔1993〕第134号）、《中华人民共和国增值税暂行条例实施细则》（财法字〔1993〕第38号）等规定，单独核算有机肥产品的销售额。未单独核算销售额的，不得免税。[①]

四、纳税人销售免税的有机肥产品，应按规定开具普通发票，不得开具增值税专用发票。

五、纳税人申请免征增值税，应向主管税务机关提供以下资料，凡不能提供的，一律不得免税。

（一）生产有机肥产品的纳税人

1. 由农业部或省、自治区、直辖市农业行政主管部门批准核发的在有效期内的肥料登记证复印件，并出示原件。

2. 由肥料产品质量检验机构一年内出具的有机肥产品质量技术检测合格报告原件。出具报告的肥料产品质量检验机构须通过相关资质认定。

3. 在省、自治区、直辖市外销售有机肥产品的，还应提供在销售使用地省级农业行政主管部门办理备案的证明原件。

（二）批发、零售有机肥产品的纳税人

1. 生产企业提供的在有效期内的肥料登记证复印件。

2. 生产企业提供的产品质量技术检验合格报告原件。

3. 在省、自治区、直辖市外销售有机肥产品的，还应提供在销售使用地省级农业行政主管部门办理备案的证明复印件。

六、主管税务机关应加强对享受免征增值税政策纳税人的后续管理，不定期对企业经营情况进行核实。凡经核实所提供的肥料登记证、产品质量技术检测合格报告、备案证明失效的，应停止其享受免税资格，恢复照章征税。

请遵照执行。

[①] 条款失效。第三条失效。参见：《财政部 国家税务总局关于公布若干废止和失效的增值税规范性文件目录的通知》，财税〔2009〕17号。

28. 滴灌产品免征增值税

【享受主体】

生产销售和批发、零售滴灌带和滴灌管的纳税人。

【优惠内容】

自 2007 年 7 月 1 日起,纳税人生产销售和批发、零售滴灌带和滴灌管产品免征增值税。

【享受条件】

1. 滴灌带和滴灌管产品是指农业节水滴灌系统专用的、具有制造过程中加工的孔口或其他出流装置、能够以滴状或连续流状出水的水带和水管产品。滴灌带和滴灌管产品按照国家有关质量技术标准要求进行生产,并与 PVC 管(主管)、PE 管(辅管)、承插管件、过滤器等部件组成为滴灌系统。

2. 生产滴灌带和滴灌管产品的纳税人申请办理免征增值税时,应向主管税务机关报送由产品质量检验机构出具的质量技术检测合格报告,出具报告的产品质量检验机构须通过省以上质量技术监督部门的相关资质认定。批发和零售滴灌带和滴灌管产品的纳税人申请办理免征增值税时,应向主管税务机关报送由生产企业提供的质量技术检测合格报告原件或复印件。

【政策依据】

《财政部 国家税务总局关于免征滴灌带和滴灌管产品增值税的通知》(财税〔2007〕83 号)第一条、第四条

政策链接

28-1 《财政部 国家税务总局关于免征滴灌带和滴灌管产品增值税的通知》第一条、第四条

2007 年 5 月 30 日 财税〔2007〕83 号

一、自 2007 年 7 月 1 日起,纳税人生产销售和批发、零售滴灌带和滴灌管产品免征增值税。

滴灌带和滴灌管产品是指农业节水滴灌系统专用的、具有制造过程中加工的孔口或其他出流装置、能够以滴状或连续流状出水的水带和水管产品。滴灌

带和滴灌管产品按照国家有关质量技术标准要求进行生产，并与PVC管（主管）、PE管（辅管）、承插管件、过滤器等部件组成为滴灌系统。

……

四、生产滴灌带和滴灌管产品的纳税人申请办理免征增值税时，应向主管税务机关报送由产品质量检验机构出具的质量技术检测合格报告，出具报告的产品质量检验机构须通过省以上质量技术监督部门的相关资质认定。批发和零售滴灌带和滴灌管产品的纳税人申请办理免征增值税时，应向主管税务机关报送由生产企业提供的质量技术检测合格报告原件或复印件。未取得质量技术检测合格报告的，不得免税。

29. 生产销售农膜免征增值税

【享受主体】

从事生产销售农膜的纳税人。

【优惠内容】

对农膜产品，免征增值税。

【享受条件】

1. 纳税人从事农膜生产销售、批发零售。
2. 农膜是指用于农业生产的各种地膜、大棚膜。

【政策依据】

（1）《财政部 国家税务总局关于农业生产资料征免增值税政策的通知》（财税〔2001〕113号）第一条第1项

（2）《国家税务总局关于印发〈增值税部分货物征税范围注释〉的通知》（国税发〔1993〕151号）第十五条

政策链接

29-1 《财政部 国家税务总局关于农业生产资料征免增值税政策的通知》第一条第1项

2001年7月20日 财税〔2001〕113号

一、下列货物免征增值税：

1. 农膜。

29-2 《国家税务总局关于印发〈增值税部分货物征税范围注释〉的通知》第十五条
1993年12月25日　国税发〔1993〕151号

十五、农膜
农膜是指用于农业生产的各种地膜、大棚膜。

30. 批发零售种子、种苗、农药、农机免征增值税

【享受主体】
从事种子、种苗、农药、农机批发零售的纳税人。

【优惠内容】
批发、零售的种子、种苗、农药、农机,免征增值税。

【享受条件】
1. 纳税人批发、零售种子、种苗、农药、农机。
2. 农药是指用于农林业防治病虫害、除草及调节植物生长的药剂。
3. 农机是指用于农业生产(包括林业、牧业、副业、渔业)的各种机器和机械化和半机械化农具,以及小农具。

【政策依据】
(1)《财政部　国家税务总局关于农业生产资料征免增值税政策的通知》(财税〔2001〕113号)第一条第(四)项
(2)《国家税务总局关于印发〈增值税部分货物征税范围注释〉的通知》(国税发〔1993〕151号)第十四条、第十六条

政策链接

30-1 《财政部 国家税务总局关于农业生产资料征免增值税政策的通知》第一条第（四）项
2001年7月20日 财税〔2001〕113号

一、下列货物免征增值税：
……
4. 批发和零售的种子、种苗、化肥①、农药、农机。

30-2 《国家税务总局关于印发〈增值税部分货物征税范围注释〉的通知》第十四条、第十六条
1993年12月25日 国税发〔1993〕151号

十四、农药
农药是指用于农林业防治病虫害、除草及调节植物生长的药剂。
农药包括农药原药和农药制剂。如杀虫剂、杀菌剂、除草剂、植物生长调节剂、植物性农药、微生物农药、卫生用药、其他农药原药、制剂等等。
……
十六、农机
农机是指用于农业生产（包括林业、牧业、副业、渔业）的各种机器和机械化和半机械化农具，以及小农具。
农机的范围包括：
（一）拖拉机。是以内燃机为驱动牵引机具从事作业和运载物资的机械。包括轮拖拉机、履带拖拉机、手扶拖拉机、机耕船。
（二）土壤耕整机械。是对土壤进行耕翻整理的机械。包括机引犁、机引耙、旋耕机、镇压器、联合整地器、合壤器、其他土壤耕整机械。
（三）农田基本建设机械。是指从事农田基本建设的专用机械。包括开沟筑埂机、开沟铺管机、铲抛机、平地机、其他农田基本建设机械。
（四）种植机械。是指将农作物种子或秧苗移植到适于作物生长的苗床机械。包括播作机、水稻插秧机、栽植机、地膜覆盖机、复式播种机、秧苗准备机械。

---

① 条款失效。第一条第4项"化肥"的规定自2015年9月1日起停止执行。参见：《财政部 海关总署 国家税务总局关于对化肥恢复征收增值税政策的通知》，财税〔2015〕90号。

（五）植物保护和管理机械。是指农作物在生长过程中的管理、施肥、防治病虫害的机械。包括机动喷粉机、喷雾机（器）、弥雾喷粉机、修剪机、中耕除草机、播种中耕机、培土机具、施肥机。

（六）收获机械。是指收获各种农作物的机械。包括粮谷、棉花、薯类、甜菜、甘蔗、茶叶、油料等收获机。

（七）场上作业机械。是指对粮食作物进行脱粒、清选、烘干的机械设备。包括各种脱粒机、清选机、粮谷干燥机、种子精选机。

（八）排灌机械。是指用于农牧业排水、灌溉的各种机械设备。包括喷灌机、半机械化提水机具、打井机。

（九）农副产品加工机械。是指对农副产品进行初加工，加工后的产品仍属农副产品的机械。包括茶叶机械、剥壳机械、棉花加工机械（包括棉花打包机）、食用菌机械（培养木耳、蘑菇等）、小型粮谷机械。

以农副产品为原料加工工业产品的机械，不属于本货物的范围。

（十）农业运输机械。是指农业生产过程中所需的各种运输机械。包括人力车（不包括三轮运货车）、畜力车和拖拉机挂车。

农用汽车不属于本货物的范围。

（十一）畜牧业机械。是指畜牧业生产中所需的各种机械。包括草原建设机械、牧业收获机械、饲料加工机械、畜禽饲养机械、畜产品采集机械。

（十二）渔业机械。是指捕捞、养殖水产品所用的机械。包括捕捞机械、增氧机、饵料机。

机动渔船不属于本货物的范围。

（十三）林业机械。是指用于林业的种植、育林的机械。包括清理机械、育林机械、树苗栽植机械。

森林砍伐机械、集材机械不属于本货物征收范围。

（十四）小农具。包括畜力犁、畜力耙、锄头和镰刀等农具。

农机零部件不属于本货物的征收范围。

31. 纳税人购进农业生产者销售自产的免税农业产品可以抵扣进项税额

【享受主体】

购进农产品的增值税一般纳税人。

【优惠内容】

1. 纳税人购进用于生产销售或委托加工17%（2018年5月1日起调整为

16%）税率货物的农产品，按照农产品收购发票或者销售发票上注明的农产品买价和13%（2018年5月1日起调整为12%）的扣除率抵扣进项税额；除此之外，购进农产品允许按照农产品收购发票或者销售发票上注明的农产品买价和11%（2018年5月1日起调整为10%）的扣除率抵扣进项税额。

2. 纳税人购进农产品进项税额已实行核定扣除的，按核定扣除的相关规定执行。

【享受条件】

纳税人购进的是农业生产者销售的自产农产品。

【政策依据】

（1）《中华人民共和国增值税暂行条例》第八条第（三）项

（2）《财政部 税务总局关于简并增值税税率有关政策的通知》（财税〔2017〕37号）

（3）《财政部 税务总局关于调整增值税税率的通知》（财税〔2018〕32号）

政策链接

31-1 《中华人民共和国增值税暂行条例》第八条第（三）项

2017年11月19日 中华人民共和国国务院令第691号

第八条 纳税人购进货物、劳务、服务、无形资产、不动产支付或者负担的增值税额，为进项税额。

下列进项税额准予从销项税额中抵扣：

……

（三）购进农产品，除取得增值税专用发票或者海关进口增值税专用缴款书外，按照农产品收购发票或者销售发票上注明的农产品买价和11%的扣除率计算的进项税额，国务院另有规定的除外。进项税额计算公式：

进项税额 = 买价 × 扣除率

31-2 《财政部 税务总局关于简并增值税税率有关政策的通知》

2017年4月28日 财税〔2017〕37号

各省、自治区、直辖市、计划单列市财政厅（局）、国家税务局、地方税务局，新疆生产建设兵团财务局：

自2017年7月1日起,简并增值税税率结构,取消13%的增值税税率。现将有关政策通知如下:

一、纳税人销售或者进口下列货物,税率为11%:

农产品(含粮食)、自来水、暖气、石油液化气、天然气、食用植物油、冷气、热水、煤气、居民用煤炭制品、食用盐、农机、饲料、农药、农膜、化肥、沼气、二甲醚、图书、报纸、杂志、音像制品、电子出版物。

上述货物的具体范围见本通知附件1。

二、纳税人购进农产品,按下列规定抵扣进项税额:

(一)除本条第(二)项规定外,纳税人购进农产品,取得一般纳税人开具的增值税专用发票或海关进口增值税专用缴款书的,以增值税专用发票或海关进口增值税专用缴款书上注明的增值税额为进项税额;从按照简易计税方法依照3%征收率计算缴纳增值税的小规模纳税人取得增值税专用发票的,以增值税专用发票上注明的金额和11%的扣除率计算进项税额;取得(开具)农产品销售发票或收购发票的,以农产品销售发票或收购发票上注明的农产品买价和11%的扣除率计算进项税额。

(二)营业税改征增值税试点期间,纳税人购进用于生产销售或委托受托加工17%税率货物的农产品维持原扣除力度不变。

(三)继续推进农产品增值税进项税额核定扣除试点,纳税人购进农产品进项税额已实行核定扣除的,仍按照《财政部 国家税务总局关于在部分行业试行农产品增值税进项税额核定扣除办法的通知》(财税〔2012〕38号)、《财政部 国家税务总局关于扩大农产品增值税进项税额核定扣除试点行业范围的通知》(财税〔2013〕57号)执行。其中,《农产品增值税进项税额核定扣除试点实施办法》(财税〔2012〕38号印发)第四条第(二)项规定的扣除率调整为11%;第(三)项规定的扣除率调整为按本条第(一)项、第(二)项规定执行。

(四)纳税人从批发、零售环节购进适用免征增值税政策的蔬菜、部分鲜活肉蛋而取得的普通发票,不得作为计算抵扣进项税额的凭证。

(五)纳税人购进农产品既用于生产销售或委托受托加工17%税率货物又用于生产销售其他货物服务的,应当分别核算用于生产销售或委托受托加工17%税率货物和其他货物服务的农产品进项税额。未分别核算的,统一以增值税专用发票或海关进口增值税专用缴款书上注明的增值税额为进项税额,或以农产品收购发票或销售发票上注明的农产品买价和11%的扣除率计算进项税额。

(六)《中华人民共和国增值税暂行条例》第八条第二款第(三)项和本

通知所称销售发票,是指农业生产者销售自产农产品适用免征增值税政策而开具的普通发票。

三、本通知附件2所列货物的出口退税率调整为11%。出口货物适用的出口退税率,以出口货物报关单上注明的出口日期界定。

外贸企业2017年8月31日前出口本通知附件2所列货物,购进时已按13%税率征收增值税的,执行13%出口退税率;购进时已按11%税率征收增值税的,执行11%出口退税率。生产企业2017年8月31日前出口本通知附件2所列货物,执行13%出口退税率。出口货物的时间,按照出口货物报关单上注明的出口日期执行。

四、本通知自2017年7月1日起执行。此前有关规定与本通知规定的增值税税率、扣除率、相关货物具体范围不一致的,以本通知为准。《财政部 国家税务总局关于免征部分鲜活肉蛋产品流通环节增值税政策的通知》(财税〔2012〕75号)第三条同时废止。

五、各地要高度重视简并增值税税率工作,切实加强组织领导,周密安排,明确责任。做好实施前的各项准备以及实施过程中的监测分析、宣传解释等工作,确保简并增值税税率平稳、有序推进。遇到问题请及时向财政部和税务总局反映。

附件:1. 适用11%增值税税率货物范围注释(编者略)
      2. 出口退税率调整产品清单(编者略)

31-3 《财政部 税务总局关于调整增值税税率的通知》
2018年4月4日 财税〔2018〕32号

各省、自治区、直辖市、计划单列市财政厅(局)、国家税务局、地方税务局,新疆生产建设兵团财政局:

为完善增值税制度,现将调整增值税税率有关政策通知如下:

一、纳税人发生增值税应税销售行为或者进口货物,原适用17%和11%税率的,税率分别调整为16%、10%。

二、纳税人购进农产品,原适用11%扣除率的,扣除率调整为10%。

三、纳税人购进用于生产销售或委托加工16%税率货物的农产品,按照12%的扣除率计算进项税额。

四、原适用17%税率且出口退税率为17%的出口货物,出口退税率调整至16%。原适用11%税率且出口退税率为11%的出口货物、跨境应税行为,出口退税率调整至10%。

五、外贸企业 2018 年 7 月 31 日前出口的第四条所涉货物、销售的第四条所涉跨境应税行为，购进时已按调整前税率征收增值税的，执行调整前的出口退税率；购进时已按调整后税率征收增值税的，执行调整后的出口退税率。生产企业 2018 年 7 月 31 日前出口的第四条所涉货物、销售的第四条所涉跨境应税行为，执行调整前的出口退税率。

调整出口货物退税率的执行时间及出口货物的时间，以出口货物报关单上注明的出口日期为准，调整跨境应税行为退税率的执行时间及销售跨境应税行为的时间，以出口发票的开具日期为准。

六、本通知自 2018 年 5 月 1 日起执行。此前有关规定与本通知规定的增值税税率、扣除率、出口退税率不一致的，以本通知为准。

七、各地要高度重视增值税税率调整工作，做好实施前的各项准备以及实施过程中的监测分析、宣传解释等工作，确保增值税税率调整工作平稳、有序推进。如遇问题，请及时上报财政部和税务总局。

32. 农产品增值税进项税额核定扣除

【享受主体】

纳入农产品增值税进项税额核定扣除试点行业的增值税一般纳税人。

【优惠内容】

1. 自 2012 年 7 月 1 日起，以购进农产品为原料生产销售液体乳及乳制品、酒及酒精、植物油的增值税一般纳税人，纳入农产品增值税进项税额核定扣除试点范围，其购进农产品无论是否用于生产上述产品，增值税进项税额均按照《农产品增值税进项税额核定扣除试点实施办法》的规定抵扣。

2. 自 2013 年 9 月 1 日起，各省、自治区、直辖市、计划单列市税务部门可商同级财政部门，根据《农产品增值税进项税额核定扣除试点实施办法》（财税〔2012〕38 号）的规定，结合本省（自治区、直辖市、计划单列市）特点，选择部分行业开展核定扣除试点。

3. 试点纳税人可以采用投入产出法、成本法、参照法等方法计算增值税进项税额。

【享受条件】

1. 农产品应当是列入《农业产品征税范围注释》（财税字〔1995〕52 号）的初级农业产品。

2. 以农产品为原料生产货物的试点纳税人应于当年 1 月 15 日前（2012 年为 7 月 15 日前）或者投产之日起 30 日内，向主管税务机关提出扣除标准核定申请并提供有关资料。

3. 试点纳税人购进农产品直接销售、购进农产品用于生产经营且不构成货物实体扣除标准的核定采取备案制，抵扣农产品增值税进项税额的试点纳税人应在申报缴纳税款时向主管税务机关备案。

【政策依据】

（1）《财政部　国家税务总局关于在部分行业试行农产品增值税进项税额核定扣除办法的通知》（财税〔2012〕38 号）

（2）《财政部　国家税务总局关于扩大农产品增值税进项税额核定扣除试点行业范围的通知》（财税〔2013〕57 号）

（3）《财政部　税务总局关于简并增值税税率有关政策的通知》（财税〔2017〕37 号）（略，见文件 31－2）

（4）《财政部　税务总局关于调整增值税税率的通知》（财税〔2018〕32 号）（略，见文件 31－3）

政策链接

32－1 《财政部　国家税务总局关于在部分行业试行农产品增值税进项税额核定扣除办法的通知》
2012 年 4 月 6 日　财税〔2012〕38 号

各省、自治区、直辖市、计划单列市财政厅（局）、国家税务局，新疆生产建设兵团财务局：

为调整和完善农产品增值税抵扣机制，经国务院批准，决定在部分行业开展增值税进项税额核定扣除试点。现将有关事项通知如下：

一、自 2012 年 7 月 1 日起，以购进农产品为原料生产销售液体乳及乳制品、酒及酒精、植物油的增值税一般纳税人，纳入农产品增值税进项税额核定扣除试点范围，其购进农产品无论是否用于生产上述产品，增值税进项税额均按照《农产品增值税进项税额核定扣除试点实施办法》（附件 1）的规定抵扣。

二、除本通知第一条规定以外的纳税人，其购进农产品仍按现行增值税的有关规定抵扣农产品进项税额。

三、对部分液体乳及乳制品实行全国统一的扣除标准（附件 2）。

四、各级财税机关要认真组织试点各项工作，及时总结试点经验，并向财政部和国家税务总局报告试点过程中发现的问题。

附件：1. 农产品增值税进项税额核定扣除试点实施办法

2. 全国统一的部分液体乳及乳制品扣除标准表（编者略）

附件1

农产品增值税进项税额核定扣除试点实施办法

一、为加强农产品增值税进项税额抵扣管理，经国务院批准，对财政部和国家税务总局纳入试点范围的增值税一般纳税人（以下称试点纳税人）购进农产品增值税进项税额，实施核定扣除办法。

二、购进农产品抵扣增值税进项税额的试点纳税人均适用本办法。

农产品是指列入《农业产品征税范围注释》（财税字〔1995〕52号）的初级农业产品。

三、试点纳税人购进农产品不再凭增值税扣税凭证抵扣增值税进项税额，购进除农产品以外的货物、应税劳务和应税服务，增值税进项税额仍按现行有关规定抵扣。

四、农产品增值税进项税额核定方法

（一）试点纳税人以购进农产品为原料生产货物的，农产品增值税进项税额可按照以下方法核定：

1. 投入产出法：参照国家标准、行业标准（包括行业公认标准和行业平均耗用值）确定销售单位数量货物耗用外购农产品的数量（以下称农产品单耗数量）。

当期允许抵扣农产品增值税进项税额依据农产品单耗数量、当期销售货物数量、农产品平均购买单价（含税，下同）和农产品增值税进项税额扣除率（以下简称"扣除率"）计算。公式为：

当期允许抵扣农产品增值税进项税额＝当期农产品耗用数量×农产品平均购买单价×扣除率／（1＋扣除率）

当期农产品耗用数量＝当期销售货物数量（不含采购除农产品以外的半成品生产的货物数量）×农产品单耗数量

对以单一农产品原料生产多种货物或者多种农产品原料生产多种货物的，在核算当期农产品耗用数量和平均购买单价时，应依据合理的方法归集和分配。

平均购买单价是指购买农产品期末平均买价，不包括买价之外单独支付的运费和入库前的整理费用。期末平均买价计算公式：

期末平均买价＝（期初库存农产品数量×期初平均买价＋当期购进农产品数量×当期买价）／（期初库存农产品数量＋当期购进农产品数量）

2. 成本法：依据试点纳税人年度会计核算资料，计算确定耗用农产品的外购金额占生产成本的比例（以下称农产品耗用率）。当期允许抵扣农产品增值税进项税额依据当期主营业务成本、农产品耗用率以及扣除率计算。公式为：

当期允许抵扣农产品增值税进项税额＝当期主营业务成本×农产品耗用率×扣除率／（1＋扣除率）

农产品耗用率＝上年投入生产的农产品外购金额／上年生产成本

农产品外购金额（含税）不包括不构成货物实体的农产品（包括包装物、辅助材料、燃料、低值易耗品等）和在购进农产品之外单独支付的运费、入库前的整理费用。

对以单一农产品原料生产多种货物或者多种农产品原料生产多种货物的，在核算当期主营业务成本以及核定农产品耗用率时，试点纳税人应依据合理的方法进行归集和分配。

农产品耗用率由试点纳税人向主管税务机关申请核定。

年度终了，主管税务机关应根据试点纳税人本年实际对当年已抵扣的农产品增值税进项税额进行纳税调整，重新核定当年的农产品耗用率，并作为下一年度的农产品耗用率。

3. 参照法：新办的试点纳税人或者试点纳税人新增产品的，试点纳税人可参照所属行业或者生产结构相近的其他试点纳税人确定农产品单耗数量或者农产品耗用率。次年，试点纳税人向主管税务机关申请核定当期的农产品单耗数量或者农产品耗用率，并据此计算确定当年允许抵扣的农产品增值税进项税额，同时对上一年增值税进项税额进行调整。核定的进项税额超过实际抵扣增值税进项税额的，其差额部分可以结转下期继续抵扣；核定的进项税额低于实际抵扣增值税进项税额的，其差额部分应按现行增值税的有关规定将进项税额做转出处理。

（二）试点纳税人购进农产品直接销售的，农产品增值税进项税额按照以下方法核定扣除：

当期允许抵扣农产品增值税进项税额＝当期销售农产品数量／（1－损耗率）×农产品平均购买单价×13%／（1＋13%）

损耗率＝损耗数量／购进数量

（三）试点纳税人购进农产品用于生产经营且不构成货物实体的（包括包装物、辅助材料、燃料、低值易耗品等），增值税进项税额按照以下方法核定扣除：

当期允许抵扣农产品增值税进项税额＝当期耗用农产品数量×农产品平均购买单价×13%／（1＋13%）

农产品单耗数量、农产品耗用率和损耗率统称为农产品增值税进项税额扣除标准（以下称扣除标准）。

五、试点纳税人销售货物，应合并计算当期允许抵扣农产品增值税进项税额。

六、试点纳税人购进农产品取得的农产品增值税专用发票和海关进口增值税专用缴款书，按照注明的金额及增值税额一并计入成本科目；自行开具的农产品收购发票和取得的农产品销售发票，按照注明的买价直接计入成本。

七、本办法规定的扣除率为销售货物的适用税率。

八、省级（包括计划单列市，下同）税务机关应根据本办法第四条规定的核定方法顺序，确定试点纳税人适用的农产品增值税进项税额核定扣除方法。

九、试点纳税人应自执行本办法之日起，将期初库存农产品以及库存半成品、产成品耗用的农产品增值税进项税额作转出处理。

十、试点纳税人应当按照本办法第四条的规定准确计算当期允许抵扣农产品增值税进项税额，并从相关科目转入"应交税金——应交增值税（进项税额）"科目。未能准确计算的，由主管税务机关核定。

十一、试点纳税人购进的农产品价格明显偏高或偏低，且不具有合理商业目的的，由主管税务机关核定。

十二、试点纳税人在计算农产品增值税进项税额时，应按照下列顺序确定适用的扣除标准：

（一）财政部和国家税务总局不定期公布的全国统一的扣除标准。

（二）省级税务机关商同级财政机关根据本地区实际情况，报经财政部和国家税务总局备案后公布的适用于本地区的扣除标准。

（三）省级税务机关依据试点纳税人申请，按照本办法第十三条规定的核定程序审定的仅适用于该试点纳税人的扣除标准。

十三、试点纳税人扣除标准核定程序。

（一）试点纳税人以农产品为原料生产货物的扣除标准核定程序：

1. 申请核定。以农产品为原料生产货物的试点纳税人应于当年1月15日前（2012年为7月15日前）或者投产之日起30日内，向主管税务机关提出扣除标准核定申请并提供有关资料。申请资料的范围和要求由省级税务机关确定。

2. 审定。主管税务机关应对试点纳税人的申请资料进行审核，并逐级上报给省级税务机关。

省级税务机关应由货物和劳务税处牵头，会同政策法规处等相关部门组成扣除标准核定小组，核定结果应由省级税务机关下达，主管税务机关通过网站、报刊等多种方式及时向社会公告核定结果。未经公告的扣除标准无效。

省级税务机关尚未下达核定结果前，试点纳税人可按上年确定的核定扣除标准计算申报农产品进项税额。

（二）试点纳税人购进农产品直接销售、购进农产品用于生产经营且不构成货物实体扣除标准的核定采取备案制，抵扣农产品增值税进项税额的试点纳税人应在申报缴纳税款时向主管税务机关备案。备案资料的范围和要求由省级税务机关确定。

十四、试点纳税人对税务机关根据本办法第十三条规定核定的扣除标准有疑义或者生产经营情况发生变化的，可以自税务机关发布公告或者收到主管税务机关《税务事项通知书》之日起30日内，向主管税务机关提出重新核定扣除标准申请，并提供说明其生产、经营真实情况的证据，主管税务机关应当自接到申请之日起30日内书面答复。

十五、试点纳税人在申报期内，除向主管税务机关报送《增值税一般纳税人纳税申报办法》规定的纳税申报资料外，还应报送《农产品核定扣除增值税进项税额计算表》（见附表）。

十六、各级税务机关应加强对试点纳税人农产品增值税进项税额计算扣除情况的监管，防范和打击虚开发票行为，定期进行纳税评估，及时发现申报纳税中存在的问题。

附：农产品核定扣除增值税进项税额计算表（编者略）

32-2《财政部　国家税务总局关于扩大农产品增值税进项税额核定扣除试点行业范围的通知》
2013年8月28日　财税〔2013〕57号

各省、自治区、直辖市、计划单列市财政厅（局）、国家税务局，新疆生产建设兵团财务局：

为进一步推进农产品增值税进项税额核定扣除试点（以下简称核定扣除试点）工作，经研究决定，扩大实行核定扣除试点的行业范围。现将有关事项通知如下：

一、自2013年9月1日起，各省、自治区、直辖市、计划单列市税务部门可商同级财政部门,根据《农产品增值税进项税额核定扣除试点实施办法》(财税〔2012〕38号)的有关规定,结合本省(自治区、直辖市、计划单列市)特点,选择部分行业开展核定扣除试点工作。

二、各省、自治区、直辖市、计划单列市税务和财政部门制定的关于核定扣除试点行业范围、扣除标准等内容的文件,需报经财政部和国家税务总局备案后公布。财政部和国家税务总局将根据各地区试点工作进展情况,不定期公布部分产品全国统一的扣除标准。

三、核定扣除试点工作政策性强、涉及面广,各地财税机关要积极推进试点各项工作,妥善解决试点过程中出现的问题。

33. 从事农、林、牧、渔业项目减免企业所得税

【享受主体】

从事农、林、牧、渔业项目的纳税人。

【优惠内容】

1. 免征企业所得税项目:

(1) 从事蔬菜、谷物、薯类、油料、豆类、棉花、麻类、糖料、水果、坚果的种植;

(2) 农作物新品种的选育;

(3) 中药材的种植;

(4) 林木的培育和种植;

(5) 牲畜、家禽的饲养;

(6) 林产品的采集;

(7) 灌溉、农产品初加工、兽医、农技推广、农机作业和维修等农、林、牧、渔服务业项目;

(8) 远洋捕捞。

2. 减半征收企业所得税项目:

(1) 从事花卉、茶以及其他饮料作物和香料作物的种植;

(2) 海水养殖、内陆养殖。

【享受条件】

1. 享受税收优惠的农、林、牧、渔业项目,除另有规定外,参照《国民经济行业分类》(GB/T4754-2002)的规定标准执行。

2. 企业从事农、林、牧、渔业项目，凡属于《产业结构调整指导目录（2011年版）》（国家发展和改革委员会令第9号）中限制和淘汰类的项目，不得享受《中华人民共和国企业所得税法实施条例》第八十六条规定的优惠政策。

【政策依据】

（1）《中华人民共和国企业所得税法》第二十七条第（一）项

（2）《中华人民共和国企业所得税法实施条例》第八十六条第（一）项、第（二）项

（3）《财政部 国家税务总局关于发布〈享受企业所得税优惠政策的农产品初加工范围（试行）〉的通知》（财税〔2008〕149号）

（4）《财政部 国家税务总局关于享受企业所得税优惠的农产品初加工有关范围的补充通知》（财税〔2011〕26号）

（5）《国家税务总局关于实施农林牧渔业项目企业所得税优惠问题的公告》（国家税务总局公告2011年第48号）

政策链接

33-1 《中华人民共和国企业所得税法》第二十七条第（一）项

2017年2月24日　中华人民共和国主席令第六十四号

第二十七条　企业的下列所得，可以免征、减征企业所得税：

（一）从事农、林、牧、渔业项目的所得。

33-2 《中华人民共和国企业所得税法实施条例》第八十六条第（一）项、第（二）项

2007年12月6日　中华人民共和国国务院令第512号

第八十六条　企业所得税法第二十七条第（一）项规定的企业从事农、林、牧、渔业项目的所得，可以免征、减征企业所得税，是指：

（一）企业从事下列项目的所得，免征企业所得税：

1. 蔬菜、谷物、薯类、油料、豆类、棉花、麻类、糖料、水果、坚果的种植；

2. 农作物新品种的选育；

3. 中药材的种植；

4. 林木的培育和种植；

5. 牲畜、家禽的饲养；

6. 林产品的采集；

7. 灌溉、农产品初加工、兽医、农技推广、农机作业和维修等农、林、牧、渔、服务业项目；

8. 远洋捕捞。

(二) 企业从事下列项目的所得，减半征收企业所得税：

1. 花卉、茶以及其他饮料作物和香料作物的种植；

2. 海水养殖、内陆养殖。

33-3 《财政部 国家税务总局关于发布〈享受企业所得税优惠政策的农产品初加工范围（试行）〉的通知》[①]

2008年11月20日 财税〔2008〕149号

各省、自治区、直辖市、计划单列市财政厅（局）、国家税务局、地方税务局，新疆生产建设兵团财务局：

根据《中华人民共和国企业所得税法》及其实施条例的规定，为贯彻落实农、林、牧、渔业项目企业所得税优惠政策，现将《享受企业所得税优惠政策的农产品初加工范围（试行）》印发给你们，自2008年1月1日起执行。

各地财政、税务机关对《享受企业所得税优惠政策的农产品初加工范围（试行）》执行中发现的新情况、新问题应及时向国务院财政、税务主管部门反馈，国务院财政、税务主管部门会同有关部门将根据经济社会发展需要，适时对《享受企业所得税优惠政策的农产品初加工范围（试行）》内的项目进行调整和修订。

附件：享受企业所得税优惠政策的农产品初加工范围（试行）（2008年版）

附件

享受企业所得税优惠政策的农产品初加工范围（试行）
（2008年版）

一、种植业类

（一）粮食初加工

[①] 《范围》的补充规定参见：《财政部 国家税务总局关于享受企业所得税优惠政策的农产品初加工有关范围的补充通知》，财税〔2011〕26号。

1. 小麦初加工。通过对小麦进行清理、配麦、磨粉、筛理、分级、包装等简单加工处理，制成的小麦面粉及各种专用粉。

2. 稻米初加工。通过对稻谷进行清理、脱壳、碾米（或不碾米）、烘干、分级、包装等简单加工处理，制成的成品粮及其初制品，具体包括大米、蒸谷米。

3. 玉米初加工。通过对玉米籽粒进行清理、浸泡、粉碎、分离、脱水、干燥、分级、包装等简单加工处理，生产的玉米粉、玉米碴、玉米片等；鲜嫩玉米经筛选、脱皮、洗涤、速冻、分级、包装等简单加工处理，生产的鲜食玉米（速冻粘玉米、甜玉米、花色玉米、玉米籽粒）。

4. 薯类初加工。通过对马铃薯、甘薯等薯类进行清洗、去皮、磋磨、切制、干燥、冷冻、分级、包装等简单加工处理，制成薯类初级制品。具体包括：薯粉、薯片、薯条。

5. 食用豆类初加工。通过对大豆、绿豆、红小豆等食用豆类进行清理去杂、浸洗、晾晒、分级、包装等简单加工处理，制成的豆面粉、黄豆芽、绿豆芽。

6. 其他类粮食初加工。通过对燕麦、荞麦、高粱、谷子等杂粮进行清理去杂、脱壳、烘干、磨粉、轧片、冷却、包装等简单加工处理，制成的燕麦米、燕麦粉、燕麦麸皮、燕麦片、荞麦米、荞麦面、小米、小米面、高粱米、高粱面。

（二）林木产品初加工

通过将伐倒的乔木、竹（含活立木、竹）去枝、去梢、去皮、去叶、锯段等简单加工处理，制成的原木、原竹、锯材。

（三）园艺植物初加工

1. 蔬菜初加工

（1）将新鲜蔬菜通过清洗、挑选、切割、预冷、分级、包装等简单加工处理，制成净菜、切割蔬菜。

（2）利用冷藏设施，将新鲜蔬菜通过低温贮藏，以备淡季供应的速冻蔬菜，如速冻茄果类、叶类、豆类、瓜类、葱蒜类、柿子椒、蒜苔。

（3）将植物的根、茎、叶、花、果、种子和食用菌通过干制等简单加工处理，制成的初制干菜，如黄花菜、玉兰片、萝卜干、冬菜、梅干菜、木耳、香菇、平菇。

*以蔬菜为原料制作的各类蔬菜罐头（罐头是指以金属罐、玻璃瓶、经排气密封的各种食品。下同）及碾磨后的园艺植物（如胡椒粉、花椒粉等）不属于初加工范围。

2. 水果初加工。通过对新鲜水果（含各类山野果）清洗、脱壳、切块（片）、分类、储藏保鲜、速冻、干燥、分级、包装等简单加工处理，制成的各类水果、果干、原浆果汁、果仁、坚果。

3. 花卉及观赏植物初加工。通过对观赏用、绿化及其他各种用途的花卉及植物进行保鲜、储藏、烘干、分级、包装等简单加工处理，制成的各类鲜、干花。

（四）油料植物初加工

通过对菜籽、花生、大豆、葵花籽、蓖麻籽、芝麻、胡麻籽、茶子、桐子、棉籽、红花籽及米糠等粮食的副产品等，进行清理、热炒、磨坯、榨油（搅油、墩油）、浸出等简单加工处理，制成的植物毛油和饼粕等副产品。具体包括菜籽油、花生油、豆油、葵花油、蓖麻籽油、芝麻油、胡麻籽油、茶子油、桐子油、棉籽油、红花油、米糠油以及油料饼粕、豆饼、棉籽饼。

＊精炼植物油不属于初加工范围。

（五）糖料植物初加工

通过对各种糖料植物，如甘蔗、甜菜、甜菊等，进行清洗、切割、压榨等简单加工处理，制成的制糖初级原料产品。

（六）茶叶初加工

通过对茶树上采摘下来的鲜叶和嫩芽进行杀青（萎凋、摇青）、揉捻、发酵、烘干、分级、包装等简单加工处理，制成的初制毛茶。

＊精制茶、边销茶、紧压茶和掺兑各种药物的茶及茶饮料不属于初加工范围。

（七）药用植物初加工

通过对各种药用植物的根、茎、皮、叶、花、果实、种子等，进行挑选、整理、捆扎、清洗、晾晒、切碎、蒸煮、炒制等简单加工处理，制成的片、丝、块、段等中药材。

＊加工的各类中成药不属于初加工范围。

（八）纤维植物初加工

1. 棉花初加工。通过轧花、剥绒等脱绒工序简单加工处理，制成的皮棉、短绒、棉籽。

2. 麻类初加工。通过对各种麻类作物（大麻、黄麻、槿麻、苎麻、茼麻、亚麻、罗布麻、蕉麻、剑麻等）进行脱胶、抽丝等简单加工处理，制成的干（洗）麻、纱条、丝、绳。

3. 蚕茧初加工。通过烘干、杀蛹、缫丝、煮剥、拉丝等简单加工处理，制成的蚕、蛹、生丝、丝棉。

（九）热带、南亚热带作物初加工

通过对热带、南亚热带作物去除杂质、脱水、干燥、分级、包装等简单加工处理，制成的工业初级原料。具体包括：天然橡胶生胶和天然浓缩胶乳、生咖啡豆、胡椒籽、肉桂油、桉油、香茅油、木薯淀粉、木薯干片、坚果。

二、畜牧业类

（一）畜禽类初加工

1. 肉类初加工。通过对畜禽类动物（包括各类牲畜、家禽和人工驯养、繁殖的野生动物以及其他经济动物）宰杀、去头、去蹄、去皮、去内脏、分割、切块或切片、冷藏或冷冻、分级、包装等简单加工处理，制成的分割肉、保鲜肉、冷藏肉、冷冻肉、绞肉、肉块、肉片、肉丁。

2. 蛋类初加工。通过对鲜蛋进行清洗、干燥、分级、包装、冷藏等简单加工处理，制成的各种分级、包装的鲜蛋、冷藏蛋。

3. 奶类初加工。通过对鲜奶进行净化、均质、杀菌或灭菌、灌装等简单加工处理，制成的巴氏杀菌奶、超高温灭菌奶。

4. 皮类初加工。通过对畜禽类动物皮张剥取、浸泡、刮里、晾干或熏干等简单加工处理，制成的生皮、生皮张。

5. 毛类初加工。通过对畜禽类动物毛、绒或羽绒分级、去杂、清洗等简单加工处理，制成的洗净毛、洗净绒或羽绒。

6. 蜂产品初加工。通过去杂、过滤、浓缩、熔化、磨碎、冷冻简单加工处理，制成的蜂蜜、蜂蜡、蜂胶、蜂花粉。

*肉类罐头、肉类熟制品、蛋类罐头、各类酸奶、奶酪、奶油、王浆粉、各种蜂产品口服液、胶囊不属于初加工范围。

（二）饲料类初加工

1. 植物类饲料初加工。通过碾磨、破碎、压榨、干燥、酿制、发酵等简单加工处理，制成的糠麸、饼粕、糟渣、树叶粉。

2. 动物类饲料初加工。通过破碎、烘干、制粉等简单加工处理，制成的鱼粉、虾粉、骨粉、肉粉、血粉、羽毛粉、乳清粉。

3. 添加剂类初加工。通过粉碎、发酵、干燥等简单加工处理，制成的矿石粉、饲用酵母。

（三）牧草类初加工

通过对牧草、牧草种籽、农作物秸秆等，进行收割、打捆、粉碎、压块、成粒、分选、青贮、氨化、微化等简单加工处理，制成的干草、草捆、草粉、草块或草饼、草颗粒、牧草种籽以及草皮、秸秆粉（块、粒）。

三、渔业类

（一）水生动物初加工

将水产动物（鱼、虾、蟹、鳖、贝、棘皮类、软体类、腔肠类、两栖类、海兽类动物等）整体或去头、去鳞（皮、壳）、去内脏、去骨（刺）、擂溃或切块、切片，经冰鲜、冷冻、冷藏等保鲜防腐处理、包装等简单加工处理，制成的水产动物初制品。

* 熟制的水产品和各类水产品的罐头以及调味烤制的水产食品不属于初加工范围。

（二）水生植物初加工

将水生植物（海带、裙带菜、紫菜、龙须菜、麒麟菜、江篱、浒苔、羊栖菜、莼菜等）整体或去根、去边梢、切段，经热烫、冷冻、冷藏等保鲜防腐处理、包装等简单加工处理的初制品，以及整体或去根、去边梢、切段，经晾晒、干燥（脱水）、包装、粉碎等简单加工处理的初制品。

* 罐装（包括软罐）产品不属于初加工范围。

33-4 《财政部 国家税务总局关于享受企业所得税优惠的农产品初加工有关范围的补充通知》[①]

2011年5月11日 财税〔2011〕26号

各省、自治区、直辖市、计划单列市财政厅（局）、国家税务局、地方税务局，新疆生产建设兵团财务局：

为进一步规范农产品初加工企业所得税优惠政策，现就《财政部、国家税务总局关于发布享受企业所得税优惠政策的农产品初加工范围（试行）的通知》（财税〔2008〕149号，以下简称《范围》）涉及的有关事项细化如下（以下序数对应《范围》中的序数）：

一、种植业类

（一）粮食初加工。

1. 小麦初加工。

《范围》规定的小麦初加工产品还包括麸皮、麦糠、麦仁。

[①] 政策调整。"企业从事农林牧渔业项目所得享受所得税优惠的备案核准"取消。参见：1.《国家税务总局关于贯彻落实〈国务院关于第一批取消62项中央指定地方实施行政审批事项的决定〉的通知》，税总发〔2015〕141号。2.《国务院关于第一批取消62项中央指定地方实施行政审批事项的决定》，国发〔2015〕57号。3.《国家税务总局关于贯彻落实〈国务院关于取消非行政许可审批事项的决定〉的通知》，税总发〔2015〕74号。4.《国务院关于取消非行政许可审批事项的决定》，国发〔2015〕27号。

2. 稻米初加工。

《范围》规定的稻米初加工产品还包括稻糠（砻糠、米糠和统糠）。

4. 薯类初加工。

《范围》规定的薯类初加工产品还包括变性淀粉以外的薯类淀粉。

＊薯类淀粉生产企业需达到国家环保标准，且年产量在一万吨以上。

6. 其他类粮食初加工。

《范围》规定的杂粮还包括大麦、糯米、青稞、芝麻、核桃；相应的初加工产品还包括大麦芽、糯米粉、青稞粉、芝麻粉、核桃粉。

（三）园艺植物初加工。

2. 水果初加工。

《范围》规定的新鲜水果包括番茄。

（四）油料植物初加工。

《范围》规定的粮食副产品还包括玉米胚芽、小麦胚芽。

（五）糖料植物初加工。

《范围》规定的甜菊又名甜叶菊。

（八）纤维植物初加工。

2. 麻类初加工。

《范围》规定的麻类作物还包括芦苇。

3. 蚕茧初加工。

《范围》规定的蚕包括蚕茧，生丝包括厂丝。

二、畜牧业类

（一）畜禽类初加工。

1. 肉类初加工。

《范围》规定的肉类初加工产品还包括火腿等风干肉、猪牛羊杂骨。

三、本通知自 2010 年 1 月 1 日起执行。

33-5 《国家税务总局关于实施农林牧渔业项目企业所得税优惠问题的公告》[①]

2011年9月13日　国家税务总局公告2011年第48号

根据《中华人民共和国企业所得税法》（以下简称企业所得税法）及《中华人民共和国企业所得税法实施条例》（以下简称实施条例）的规定，现对企业（含企业性质的农民专业合作社，下同）从事农、林、牧、渔业项目的所得，实施企业所得税优惠政策和征收管理中的有关事项公告如下：

一、企业从事实施条例第八十六条规定的享受税收优惠的农、林、牧、渔业项目，除另有规定外，参照《国民经济行业分类》（GB/T4754—2002）的规定标准执行。

企业从事农、林、牧、渔业项目，凡属于《产业结构调整指导目录（2011年版）》（国家发展和改革委员会令第9号）中限制和淘汰类的项目，不得享受实施条例第八十六条规定的优惠政策。

二、企业从事农作物新品种选育的免税所得，是指企业对农作物进行品种和育种材料选育形成的成果，以及由这些成果形成的种子（苗）等繁殖材料的生产、初加工、销售一体化取得的所得。

三、企业从事林木的培育和种植的免税所得，是指企业对树木、竹子的育种和育苗、抚育和管理以及规模造林活动取得的所得，包括企业通过拍卖或收购方式取得林木所有权并经过一定的生长周期，对林木进行再培育取得的所得。

四、企业从事下列项目所得的税务处理

（一）猪、兔的饲养，按"牲畜、家禽的饲养"项目处理；

（二）饲养牲畜、家禽产生的分泌物、排泄物，按"牲畜、家禽的饲养"项目处理；

（三）观赏性作物的种植，按"花卉、茶及其他饮料作物和香料作物的种植"项目处理；

（四）"牲畜、家禽的饲养"以外的生物养殖项目，按"海水养殖、内陆

[①] 政策调整。"企业从事农林牧渔业项目所得享受所得税优惠的备案核准"取消。参见：1.《国家税务总局关于贯彻落实〈国务院关于第一批取消62项中央指定地方实施行政审批事项的决定〉的通知》，税总发〔2015〕141号。2.《国务院关于第一批取消62项中央指定地方实施行政审批事项的决定》，国发〔2015〕57号。3.《国家税务总局关于贯彻落实〈国务院关于取消非行政许可审批事项的决定〉的通知》，税总发〔2015〕74号。4.《国务院关于取消非行政许可审批事项的决定》，国发〔2015〕27号。

养殖"项目处理。

五、农产品初加工相关事项的税务处理

（一）企业根据委托合同，受托对符合《财政部、国家税务总局关于发布享受企业所得税优惠政策的农产品初加工范围（试行）的通知》（财税〔2008〕149号）和《财政部、国家税务总局关于享受企业所得税优惠的农产品初加工有关范围的补充通知》（财税〔2011〕26号）规定的农产品进行初加工服务，其所收取的加工费，可以按照农产品初加工的免税项目处理。

（二）财税〔2008〕149号文件规定的"油料植物初加工"工序包括"冷却、过滤"等；"糖料植物初加工"工序包括"过滤、吸附、解析、碳脱、浓缩、干燥"等，其适用时间按照财税〔2011〕26号文件规定执行。

（三）企业从事实施条例第八十六条第（二）项适用企业所得税减半优惠的种植、养殖项目，并直接进行初加工且符合农产品初加工目录范围的，企业应合理划分不同项目的各项成本、费用支出，分别核算种植、养殖项目和初加工项目的所得，并各按适用的政策享受税收优惠。

（四）企业对外购茶叶进行筛选、分装、包装后进行销售的所得，不享受农产品初加工的优惠政策。

六、对取得农业部颁发的"远洋渔业企业资格证书"并在有效期内的远洋渔业企业，从事远洋捕捞业务取得的所得免征企业所得税。

七、购入农产品进行再种植、养殖的税务处理

企业将购入的农、林、牧、渔产品，在自有或租用的场地进行育肥、育秧等再种植、养殖，经过一定的生长周期，使其生物形态发生变化，且并非由于本环节对农产品进行加工而明显增加了产品的使用价值的，可视为农产品的种植、养殖项目享受相应的税收优惠。

主管税务机关对企业进行农产品的再种植、养殖是否符合上述条件难以确定的，可要求企业提供县级以上农、林、牧、渔业政府主管部门的确认意见。

八、企业同时从事适用不同企业所得税政策规定项目的，应分别核算，单独计算优惠项目的计税依据及优惠数额；分别核算不清的，可由主管税务机关按照比例分摊法或其他合理方法进行核定。

九、企业委托其他企业或个人从事实施条例第八十六条规定农、林、牧、渔业项目取得的所得，可享受相应的税收优惠政策。

企业受托从事实施条例第八十六条规定农、林、牧、渔业项目取得的收入，比照委托方享受相应的税收优惠政策。

十、企业购买农产品后直接进行销售的贸易活动产生的所得，不能享受农、林、牧、渔业项目的税收优惠政策。

十一、除本公告第五条第二项的特别规定外,公告自 2011 年 1 月 1 日起执行。

特此公告。

34. 从事"四业"的个人暂不征收个人所得税

【享受主体】

从事"四业"的个人或者个体户。

【优惠内容】

对个人、个体户从事种植业、养殖业、饲养业和捕捞业,取得的"四业"所得,暂不征收个人所得税。

【享受条件】

符合条件的从事"四业"的个人或个体户,取得的"四业"所得。

【政策依据】

(1)《中华人民共和国个人所得税法》第四条

(2)《财政部 国家税务总局关于农村税费改革试点地区有关个人所得税问题的通知》(财税〔2004〕30 号)

政策链接

34-1 《中华人民共和国个人所得税法》第四条

2011 年 6 月 30 日 中华人民共和国主席令第四十八号

第四条 下列各项个人所得,免纳个人所得税:

一、省级人民政府、国务院部委和中国人民解放军军以上单位,以及外国组织、国际组织颁发的科学、教育、技术、文化、卫生、体育、环境保护等方面的奖金;

二、国债和国家发行的金融债券利息;

三、按照国家统一规定发给的补贴、津贴;

四、福利费、抚恤金、救济金;

五、保险赔款;

六、军人的转业费、复员费;

七、按照国家统一规定发给干部、职工的安家费、退职费、退休工资、离休工资、离休生活补助费；

八、依照我国有关法律规定应予免税的各国驻华使馆、领事馆的外交代表、领事官员和其他人员的所得；

九、中国政府参加的国际公约、签订的协议中规定免税的所得；

十、经国务院财政部门批准免税的所得。

34-2 《财政部 国家税务总局关于农村税费改革试点地区有关个人所得税问题的通知》

2004年1月17日 财税〔2004〕30号

各省、自治区、直辖市、计划单列市财政厅（局）、地方税务局：

为贯彻落实中央农村工作会议和中共中央、国务院《关于促进农民增加收入若干政策的意见》（中发〔2004〕1号）精神，切实减轻农民负担，推进农村税费改革工作，经研究，现就农村税费改革试点期间取消农业特产税、免征农业税后的个人所得税政策问题明确如下：

一、农村税费改革试点期间，取消农业特产税、减征或免征农业税后，对个人或个体户从事种植业、养殖业、饲养业、捕捞业，且经营项目属于农业税（包括农业特产税）、牧业税征税范围的，其取得的"四业"所得暂不征收个人所得税。

二、各地要认真落实本通知的有关规定，在农村广为宣传国家税收政策，切实减轻农民负担，增加农民收入，大力支持农村税费改革。

三、本通知自2004年1月1日起执行，以前规定与本通知有抵触的，按本通知规定执行。

35. 农业服务免征增值税

【享受主体】

从事农业服务项目的增值税纳税人。

【优惠内容】

农业机耕、排灌、病虫害防治、植物保护、农牧保险以及相关技术培训业务，家禽、牲畜、水生动物的配种和疾病防治免征增值税。

【享受条件】

1. 农业机耕,是指在农业、林业、牧业中使用农业机械进行耕作(包括耕耘、种植、收割、脱粒、植物保护等)的业务。

2. 排灌,是指对农田进行灌溉或者排涝的业务。

3. 病虫害防治,是指从事农业、林业、牧业、渔业的病虫害测报和防治的业务。

4. 农牧保险,是指为种植业、养殖业、牧业种植和饲养的动植物提供保险的业务。

5. 相关技术培训,是指与农业机耕、排灌、病虫害防治、植物保护业务相关以及为使农民获得农牧保险知识的技术培训业务。

6. 家禽、牲畜、水生动物的配种和疾病防治业务的免税范围,包括与该项服务有关的提供药品和医疗用具的业务。

【政策依据】

《财政部 国家税务总局关于全面推开营业税改征增值税试点的通知》(财税〔2016〕36号)附件3《营业税改征增值税试点过渡政策的规定》第一条第(十)项

政策链接

35-1 《财政部 国家税务总局关于全面推开营业税改征增值税试点的通知》附件3《营业税改征增值税试点过渡政策的规定》第一条第(十)项

2016年3月23日 财税〔2016〕36号

一、下列项目免征增值税

……

(十)农业机耕、排灌、病虫害防治、植物保护、农牧保险以及相关技术培训业务,家禽、牲畜、水生动物的配种和疾病防治。

农业机耕,是指在农业、林业、牧业中使用农业机械进行耕作(包括耕耘、种植、收割、脱粒、植物保护等)的业务;排灌,是指对农田进行灌溉或者排涝的业务;病虫害防治,是指从事农业、林业、牧业、渔业的病虫害测报和防治的业务;农牧保险,是指为种植业、养殖业、牧业种植和饲养的动植物提供保险的业务;相关技术培训,是指与农业机耕、排灌、病虫害防治、植物保护业务相关以及为使农民获得农牧保险知识的技术培训业务;家禽、牲畜、水生动物的配种和疾病防治业务的免税范围,包括与该项服务有关的提供药品和医疗用具的业务。

36. 农用三轮车免征车辆购置税

【享受主体】

购买农用三轮车的单位和个人。

【优惠内容】

对农用三轮车免征车辆购置税。

【享受条件】

农用三轮车是指:柴油发动机,功率不大于7.4kw,载重量不大于500kg,最高车速不大于40km/h的三个车轮的机动车。

【政策依据】

《财政部 国家税务总局关于农用三轮车免征车辆购置税的通知》(财税〔2004〕66号)

政策链接

36-1 《财政部 国家税务总局关于农用三轮车免征车辆购置税的通知》
2004年9月7日 财税〔2004〕66号

各省、自治区、直辖市、计划单列市财政厅(局)、国家税务局、交通厅(局、委),新疆生产建设兵团财务局,上海、天津市市政管理局:

为促进农业生产发展,切实减轻农民负担,经国务院批准,自2004年10月1日起对农用三轮车免征车辆购置税。农用三轮车是指:柴油发动机,功率不大于7.4kw,载重量不大于500kg,最高车速不大于40km/h的三个车轮的机动车。

37. 捕捞、养殖渔船免征车船税

【享受主体】

渔船的所有人或管理人。

【优惠内容】

捕捞、养殖渔船免征车船税。

【享受条件】

捕捞、养殖渔船，是指在渔业船舶登记管理部门登记为捕捞船或者养殖船的船舶。

【政策依据】

(1)《中华人民共和国车船税法》第三条第（一）项
(2)《中华人民共和国车船税法实施条例》第七条

政策链接

37-1 《中华人民共和国车船税法》第三条第（一）项
　　2011年2月25日　中华人民共和国主席令第四十三号

第三条　下列车船免征车船税：
（一）捕捞、养殖渔船。

37-2 《中华人民共和国车船税法实施条例》第七条
　　2011年12月5日　中华人民共和国国务院令第611号

第七条　车船税法第三条第一项所称的捕捞、养殖渔船，是指在渔业船舶登记管理部门登记为捕捞船或者养殖船的船舶。

38. 农村居民拥有使用的三轮汽车等定期减免车船税

【享受主体】

摩托车、三轮汽车和低速载货汽车的所有人或管理人。

二、推动涉农产业发展

【优惠内容】

省、自治区、直辖市人民政府根据当地实际情况，可以对公共交通车船，农村居民拥有并主要在农村地区使用的摩托车、三轮汽车和低速载货汽车定期减征或者免征车船税。

【享受条件】

1. 摩托车、三轮汽车和低速载货汽车，由农村居民拥有并主要在农村地区使用。

2. 三轮汽车，是指最高设计车速不超过每小时 50 公里，具有三个车轮的货车。

3. 低速载货汽车，是指以柴油机为动力，最高设计车速不超过每小时 70 公里，具有四个车轮的货车。

【政策依据】

(1)《中华人民共和国车船税法》第五条
(2)《中华人民共和国车船税法实施条例》第二十六条

政策链接

38-1 《中华人民共和国车船税法》第五条
　　2011 年 2 月 25 日　中华人民共和国主席令第四十三号

第五条　省、自治区、直辖市人民政府根据当地实际情况，可以对公共交通车船，农村居民拥有并主要在农村地区使用的摩托车、三轮汽车和低速载货汽车定期减征或者免征车船税。

38-2 《中华人民共和国车船税法实施条例》第二十六条
　　2011 年 12 月 5 日　中华人民共和国国务院令第 611 号

第二十六条　车船税法所附《车船税税目税额表》中车辆、船舶的含义如下：

乘用车，是指在设计和技术特性上主要用于载运乘客及随身行李，核定载客人数包括驾驶员在内不超过 9 人的汽车。

商用车，是指除乘用车外，在设计和技术特性上用于载运乘客、货物的汽车，划分为客车和货车。

半挂牵引车，是指装备有特殊装置用于牵引半挂车的商用车。

三轮汽车，是指最高设计车速不超过每小时50公里，具有三个车轮的货车。

低速载货汽车，是指以柴油机为动力，最高设计车速不超过每小时70公里，具有四个车轮的货车。

挂车，是指就其设计和技术特性需由汽车或者拖拉机牵引，才能正常使用的一种无动力的道路车辆。

专用作业车，是指在其设计和技术特性上用于特殊工作的车辆。

轮式专用机械车，是指有特殊结构和专门功能，装有橡胶车轮可以自行行驶，最高设计车速大于每小时20公里的轮式工程机械车。

摩托车，是指无论采用何种驱动方式，最高设计车速大于每小时50公里，或者使用内燃机，其排量大于50毫升的两轮或者三轮车辆。

船舶，是指各类机动、非机动船舶以及其他水上移动装置，但是船舶上装备的救生艇筏和长度小于5米的艇筏除外。其中，机动船舶是指用机器推进的船舶；拖船是指专门用于拖（推）动运输船舶的专业作业船舶；非机动驳船，是指在船舶登记管理部门登记为驳船的非机动船舶；游艇是指具备内置机械推进动力装置，长度在90米以下，主要用于游览观光、休闲娱乐、水上体育运动等活动，并应当具有船舶检验证书和适航证书的船舶。

（三）支持新型农业经营主体发展税收优惠

39."公司+农户"经营模式销售畜禽免征增值税

【享受主体】

"公司+农户"经营模式下，从事畜禽回收再销售的纳税人。

【优惠内容】

采取"公司+农户"经营模式从事畜禽饲养，纳税人回收再销售畜禽，属于农业生产者销售自产农产品，免征增值税。

【享受条件】

1. 纳税人采取"公司+农户"经营模式从事畜禽饲养。

2. 畜禽应当是列入《农业产品征税范围注释》（财税字〔1995〕52号发布）的农业产品。

【政策依据】

（1）《中华人民共和国增值税暂行条例》第十五条第（一）项（略，见文件23-1）

（2）《中华人民共和国增值税暂行条例实施细则》第三十五条第（一）项（略，见文件23-2）

（3）《财政部　国家税务总局关于印发〈农业产品征税范围注释〉的通知》（财税字〔1995〕52号）（略，见文件23-3）

（4）《国家税务总局关于纳税人采取"公司+农户"经营模式销售畜禽有关增值税问题的公告》（国家税务总局公告2013年第8号）

政策链接

39-1 《国家税务总局关于纳税人采取"公司+农户"经营模式销售畜禽有关增值税问题的公告》

2013年2月6日　国家税务总局公告2013年第8号

现就纳税人采取"公司+农户"经营模式销售畜禽有关增值税问题公告如下：

目前，一些纳税人采取"公司+农户"经营模式从事畜禽饲养，即公司与农户签订委托养殖合同，向农户提供畜禽苗、饲料、兽药及疫苗等（所有权属于公司），农户饲养畜禽苗至成品后交付公司回收，公司将回收的成品畜禽用于销售。在上述经营模式下，纳税人回收再销售畜禽，属于农业生产者销售自产农产品，应根据《中华人民共和国增值税暂行条例》的有关规定免征增值税。

本公告中的畜禽是指属于《财政部　国家税务总局关于印发〈农业产品征税范围注释〉的通知》（财税字〔1995〕52号）文件中规定的农业产品。

本公告自2013年4月1日起施行。

特此公告。

40. "公司+农户"经营模式从事农、林、牧、渔业生产减免企业所得税

【享受主体】

采用"公司+农户"经营模式从事农、林、牧、渔业项目生产的企业。

【优惠内容】

1. 以"公司+农户"经营模式从事农、林、牧、渔业项目生产的企业,可以享受减免企业所得税优惠政策。

2. 免征企业所得税项目:

(1) 从事蔬菜、谷物、薯类、油料、豆类、棉花、麻类、糖料、水果、坚果的种植;

(2) 农作物新品种的选育;

(3) 中药材的种植;

(4) 林木的培育和种植;

(5) 牲畜、家禽的饲养;

(6) 林产品的采集;

(7) 灌溉、农产品初加工、兽医、农技推广、农机作业和维修等农、林、牧、渔服务业项目;

(8) 远洋捕捞。

3. 减半征收企业所得税项目:

(1) 从事花卉、茶以及其他饮料作物和香料作物的种植;

(2) 海水养殖、内陆养殖。

【享受条件】

1. 享受税收优惠的农、林、牧、渔业项目,除另有规定外,参照《国民经济行业分类》(GB/T4754—2002)的规定标准执行。

2. 自2010年1月1日起,采取"公司+农户"经营模式从事牲畜、家禽的饲养,即公司与农户签订委托养殖合同,向农户提供畜禽苗、饲料、兽药及疫苗等(所有权〈产权〉仍属于公司),农户将畜禽养大成为成品后交付公司回收。

【政策依据】

(1)《中华人民共和国企业所得税法》第二十七条

(2)《中华人民共和国企业所得税法实施条例》第八十六条

(3)《财政部 国家税务总局关于发布〈享受企业所得税优惠政策的农产品初加工范围(试行)〉的通知》(财税〔2008〕149号)(略,见文件33-3)

(4)《财政部 国家税务总局关于享受企业所得税优惠的农产品初加工有关范围的补充通知》(财税〔2011〕26号)(略,见文件33-4)

(5)《国家税务总局关于"公司+农户"经营模式企业所得税优惠问题的公告》(国家税务总局公告 2010 年第 2 号)

(6)《国家税务总局关于实施农、林、牧、渔业项目企业所得税优惠问题的公告》(国家税务总局公告 2011 年第 48 号)(略,见文件 33-5)

政策链接

40-1 《中华人民共和国企业所得税法》第二十七条
    2017 年 2 月 24 日 中华人民共和国主席令第六十四号

第二十七条 企业的下列所得,可以免征、减征企业所得税:
(一)从事农、林、牧、渔业项目的所得;
(二)从事国家重点扶持的公共基础设施项目投资经营的所得;
(三)从事符合条件的环境保护、节能节水项目的所得;
(四)符合条件的技术转让所得;
(五)本法第三条第三款规定的所得。

40-2 《中华人民共和国企业所得税法实施条例》第八十六条
    2007 年 12 月 6 日 中华人民共和国国务院令第 512 号

第八十六条 企业所得税法第二十七条第(一)项规定的企业从事农、林、牧、渔业项目的所得,可以免征、减征企业所得税,是指:
(一)企业从事下列项目的所得,免征企业所得税:
1. 蔬菜、谷物、薯类、油料、豆类、棉花、麻类、糖料、水果、坚果的种植;
2. 农作物新品种的选育;
3. 中药材的种植;
4. 林木的培育和种植;
5. 牲畜、家禽的饲养;
6. 林产品的采集;
7. 灌溉、农产品初加工、兽医、农技推广、农机作业和维修等农、林、牧、渔、服务业项目;
8. 远洋捕捞。
(二)企业从事下列项目的所得,减半征收企业所得税:
1. 花卉、茶以及其他饮料作物和香料作物的种植;
2. 海水养殖、内陆养殖。

企业从事国家限制和禁止发展的项目，不得享受本条规定的企业所得税优惠。

40-3 《国家税务总局关于"公司+农户"经营模式企业所得税优惠问题的公告》
2010年7月9日　国家税务总局公告2010年第2号

现就有关"公司+农户"模式企业所得税优惠问题公告如下：

目前，一些企业采取"公司+农户"经营模式从事牲畜、家禽的饲养，即公司与农户签订委托养殖合同，向农户提供畜禽苗、饲料、兽药及疫苗等（所有权〈产权〉仍属于公司），农户将畜禽养大成为成品后交付公司回收。鉴于采取"公司+农户"经营模式的企业，虽不直接从事畜禽的养殖，但系委托农户饲养，并承担诸如市场、管理、采购、销售等经营职责及绝大部分经营管理风险，公司和农户是劳务外包关系。为此，对此类以"公司+农户"经营模式从事农、林、牧、渔业项目生产的企业，可以按照《中华人民共和国企业所得税法实施条例》第八十六条的有关规定，享受减免企业所得税优惠政策。

本公告自2010年1月1日起施行。

41. 农民专业合作社销售农产品免征增值税

【享受主体】

农民专业合作社。

【优惠内容】

农民专业合作社销售本社成员生产的农产品，视同农业生产者销售自产农产品免征增值税。

【享受条件】

1. 农产品应当是列入《农业产品征税范围注释》（财税字〔1995〕52号）的初级农业产品。

2. 农民专业合作社，是指依照《中华人民共和国农民专业合作社法》规定设立和登记的农民专业合作社。

二、推动涉农产业发展 | 79

【政策依据】

（1）《财政部　国家税务总局关于农民专业合作社有关税收政策的通知》（财税〔2008〕81号）

（2）《财政部　国家税务总局关于印发〈农业产品征税范围注释〉的通知》（财税字〔1995〕52号）（略，见文件23-3）

政策链接

41-1 《财政部　国家税务总局关于农民专业合作社有关税收政策的通知》

2008年6月24日　财税〔2008〕81号

各省、自治区、直辖市、计划单列市财政厅（局）、国家税务局、地方税务局，新疆生产建设兵团财务局：

经国务院批准，现将农民专业合作社有关税收政策通知如下：

一、对农民专业合作社销售本社成员生产的农业产品，视同农业生产者销售自产农业产品免征增值税。

二、增值税一般纳税人从农民专业合作社购进的免税农业产品，可按13%的扣除率计算抵扣增值税进项税额。

三、对农民专业合作社向本社成员销售的农膜、种子、种苗、化肥①、农药、农机，免征增值税。

四、对农民专业合作社与本社成员签订的农业产品和农业生产资料购销合同，免征印花税。

本通知所称农民专业合作社，是指依照《中华人民共和国农民专业合作社法》规定设立和登记的农民专业合作社。

本通知自2008年7月1日起执行。

42. 农民专业合作社向本社成员销售部分农用物资免征增值税

【享受主体】

农民专业合作社。

---

① 条款失效。第三条关于"化肥"的规定自2015年9月1日起停止执行。参见：《财政部　国家税务总局关于对化肥恢复征收增值税政策的补充通知》，财税〔2015〕97号。

【优惠内容】

农民专业合作社向本社成员销售的农膜、种子、种苗、农药、农机，免征增值税。

【享受条件】

1. 纳税人为农民专业合作社。
2. 农用物资销售给本社成员。
3. 农民专业合作社，是指依照《中华人民共和国农民专业合作社法》规定设立和登记的农民专业合作社。

【政策依据】

《财政部 国家税务总局关于农民专业合作社有关税收政策的通知》（财税〔2008〕81号）（略，见文件41-1）

43. 购进农民专业合作社销售的免税农产品可以抵扣进项税额

【享受主体】

增值税一般纳税人。

【优惠内容】

纳税人购进用于生产销售或委托加工17%（2018年5月1日起调整为16%）税率货物的农产品，按照农产品收购发票或者销售发票上注明的农产品买价和13%（2018年5月1日起调整为12%）的扣除率抵扣进项税额；除此之外，购进农产品允许按照农产品收购发票或者销售发票上注明的农产品买价和11%（2018年5月1日起调整为10%）的扣除率抵扣进项税额。

【享受条件】

1. 纳税人为增值税一般纳税人。
2. 从农民专业合作社购进免税农产品。
3. 农产品应当是列入《农业产品征税范围注释》（财税字〔1995〕52号）的农业产品。
4. 农民专业合作社，是指依照《中华人民共和国农民专业合作社法》规定设立和登记的农民专业合作社。

【政策依据】

（1）《财政部　国家税务总局关于印发〈农业产品征税范围注释〉的通知》（财税字〔1995〕52号）（略，见文件23-3）

（2）《财政部　国家税务总局关于农民专业合作社有关税收政策的通知》（财税〔2008〕81号）（略，见文件41-1）

（3）《财政部　税务总局关于调整增值税税率的通知》（财税〔2018〕32号）（略，见文件31-3）

44. 农民专业合作社与本社成员签订的涉农购销合同免征印花税

【享受主体】

农民专业合作社及其社员。

【优惠内容】

农民专业合作社与本社成员签订的农业产品和农业生产资料购销合同免征印花税。

【享受条件】

1. 购销合同签订双方为农民专业合作社与本社成员。
2. 合同标的为农业产品和农业生产资料。
3. 农民专业合作社，是指依照《中华人民共和国农民专业合作社法》规定设立和登记的农民专业合作社。

【政策依据】

《财政部　国家税务总局关于农民专业合作社有关税收政策的通知》（财税〔2008〕81号）（略，见文件41-1）

（四）促进农产品流通税收优惠

45. 蔬菜流通环节免征增值税

【享受主体】

从事蔬菜批发、零售的纳税人。

【优惠内容】

从事蔬菜批发、零售的纳税人销售的蔬菜免征增值税。

【享受条件】

蔬菜是指可作副食的草本、木本植物,包括各种蔬菜、菌类植物和少数可作副食的木本植物及经挑选、清洗、切分、晾晒、包装、脱水、冷藏、冷冻等工序加工的蔬菜。蔬菜的主要品种参照《蔬菜主要品种目录》执行。

【政策依据】

《财政部 国家税务总局关于免征蔬菜流通环节增值税有关问题的通知》(财税〔2011〕137号)

政策链接

45-1 《财政部 国家税务总局关于免征蔬菜流通环节增值税有关问题的通知》

2011年12月31日 财税〔2011〕137号

各省、自治区、直辖市、计划单列市财政厅(局)、国家税务局,新疆生产建设兵团财务局:

经国务院批准,自2012年1月1日起,免征蔬菜流通环节增值税。现将有关事项通知如下:

一、对从事蔬菜批发、零售的纳税人销售的蔬菜免征增值税。

蔬菜是指可作副食的草本、木本植物,包括各种蔬菜、菌类植物和少数可作副食的木本植物。蔬菜的主要品种参照《蔬菜主要品种目录》(见附件)执行。

经挑选、清洗、切分、晾晒、包装、脱水、冷藏、冷冻等工序加工的蔬菜,属于本通知所述蔬菜的范围。

各种蔬菜罐头不属于本通知所述蔬菜的范围。蔬菜罐头是指蔬菜经处理、装罐、密封、杀菌或无菌包装而制成的食品。

二、纳税人既销售蔬菜又销售其他增值税应税货物的,应分别核算蔬菜和其他增值税应税货物的销售额;未分别核算的,不得享受蔬菜增值税免税政策。

附件:蔬菜主要品种目录(编者略)

46. 部分鲜活肉蛋产品流通环节免征增值税

【享受主体】

从事部分鲜活肉蛋产品农产品批发、零售的纳税人。

【优惠内容】

对从事农产品批发、零售的纳税人销售的部分鲜活肉蛋产品免征增值税。

【享受条件】

鲜活肉产品,是指猪、牛、羊、鸡、鸭、鹅及其整块或者分割的鲜肉、冷藏或者冷冻肉,内脏、头、尾、骨、蹄、翅、爪等组织。鲜活蛋产品,是指鸡蛋、鸭蛋、鹅蛋,包括鲜蛋、冷藏蛋以及对其进行破壳分离的蛋液、蛋黄和蛋壳。

【政策依据】

《财政部 国家税务总局关于免征部分鲜活肉蛋产品流通环节增值税政策的通知》(财税〔2012〕75号)

政策链接

46-1 《财政部 国家税务总局关于免征部分鲜活肉蛋产品流通环节增值税政策的通知》

2012年9月27日 财税〔2012〕75号

各省、自治区、直辖市、计划单列市财政厅(局)、国家税务局,新疆生产建设兵团财务局:

经国务院批准,自2012年10月1日起,免征部分鲜活肉蛋产品流通环节增值税。现将有关事项通知如下:

一、对从事农产品批发、零售的纳税人销售的部分鲜活肉蛋产品免征增值税。免征增值税的鲜活肉产品,是指猪、牛、羊、鸡、鸭、鹅及其整块或者分割的鲜肉、冷藏或者冷冻肉,内脏、头、尾、骨、蹄、翅、爪等组织。免征增值税的鲜活蛋产品,是指鸡蛋、鸭蛋、鹅蛋,包括鲜蛋、冷藏蛋以及对其进行破壳分离的蛋液、蛋黄和蛋壳。上述产品中不包括《中华人民共和国野生动物保护法》所规定的国家珍贵、濒危野生动物及其鲜活肉类、蛋类产品。

二、从事农产品批发、零售的纳税人既销售本通知第一条规定的部分鲜活肉蛋产品又销售其他增值税应税货物的，应分别核算上述鲜活肉蛋产品和其他增值税应税货物的销售额；未分别核算的，不得享受部分鲜活肉蛋产品增值税免税政策。

三、《中华人民共和国增值税暂行条例》第八条所列准予从销项税额中扣除的进项税额的第（三）项所称的"销售发票"，是指小规模纳税人销售农产品依照3%征收率按简易办法计算缴纳增值税而自行开具或委托税务机关代开的普通发票。批发、零售纳税人享受免税政策后开具的普通发票不得作为计算抵扣进项税额的凭证。①

47. 农产品批发市场、农贸市场免征房产税

【享受主体】

农产品批发市场、农贸市场房产税纳税人。

【优惠内容】

对专门经营农产品的农产品批发市场、农贸市场使用（包括自有和承租，下同）的房产，暂免征收房产税。对同时经营其他产品的农产品批发市场和农贸市场使用的房产，按其他产品与农产品交易场地面积的比例确定征免房产税。

【享受条件】

1. 所使用的房产为专门经营农产品或同时经营其他产品的农产品批发市场、农贸市场。

2. 农产品批发市场和农贸市场，是指经工商登记注册，供买卖双方进行农产品及其初加工品现货批发或零售交易的场所。农产品包括粮油、肉禽蛋、蔬菜、干鲜果品、水产品、调味品、棉麻、活畜、可食用的林产品以及由省、自治区、直辖市财税部门确定的其他可食用的农产品。

3. 享受税收优惠的房产，是指农产品批发市场、农贸市场直接为农产品交易提供服务的房产。

---

① 条款废止。第三条废止。自2017年7月1日起废止。参见：《财政部 税务总局关于简并增值税税率有关政策的通知》，财税〔2017〕37号。

【政策依据】

《财政部 国家税务总局关于继续实行农产品批发市场、农贸市场房产税、城镇土地使用税优惠政策的通知》（财税〔2016〕1号）

政策链接

47-1 《财政部 国家税务总局关于继续实行农产品批发市场、农贸市场房产税、城镇土地使用税优惠政策的通知》

2016年1月13日　财税〔2016〕1号

各省、自治区、直辖市、计划单列市财政厅（局）、地方税务局，西藏、宁夏自治区国家税务局，新疆生产建设兵团财务局：

为贯彻落实《国务院办公厅关于促进内贸流通健康发展的若干意见》（国办发〔2014〕51号），进一步支持农产品流通体系建设，决定继续对农产品批发市场、农贸市场给予房产税和城镇土地使用税优惠。现将有关政策通知如下：

一、对专门经营农产品的农产品批发市场、农贸市场使用（包括自有和承租，下同）的房产、土地，暂免征收房产税和城镇土地使用税。对同时经营其他产品的农产品批发市场和农贸市场使用的房产、土地，按其他产品与农产品交易场地面积的比例确定征免房产税和城镇土地使用税。

二、农产品批发市场和农贸市场，是指经工商登记注册，供买卖双方进行农产品及其初加工品现货批发或零售交易的场所。农产品包括粮油、肉禽蛋、蔬菜、干鲜果品、水产品、调味品、棉麻、活畜、可食用的林产品以及由省、自治区、直辖市财税部门确定的其他可食用的农产品。

三、享受上述税收优惠的房产、土地，是指农产品批发市场、农贸市场直接为农产品交易提供服务的房产、土地。农产品批发市场、农贸市场的行政办公区、生活区，以及商业餐饮娱乐等非直接为农产品交易提供服务的房产、土地，不属于本通知规定的优惠范围，应按规定征收房产税和城镇土地使用税。

四、符合上述免税条件的企业需持相关材料向主管税务机关办理备案手续。

五、本通知自2016年1月1日至2018年12月31日执行。

48. 农产品批发市场、农贸市场免征城镇土地使用税

【享受主体】

农产品批发市场、农贸市场城镇土地使用税纳税人。

【优惠内容】

对专门经营农产品的农产品批发市场、农贸市场使用（包括自有和承租，下同）的土地，暂免征收城镇土地使用税。对同时经营其他产品的农产品批发市场和农贸市场使用的土地，按其他产品与农产品交易场地面积的比例确定征免城镇土地使用税。

【享受条件】

1. 所使用的土地为专门经营农产品或同时经营其他产品的农产品批发市场、农贸市场。
2. 农产品批发市场和农贸市场，是指经工商登记注册，供买卖双方进行农产品及其初加工品现货批发或零售交易的场所。农产品包括粮油、肉禽蛋、蔬菜、干鲜果品、水产品、调味品、棉麻、活畜、可食用的林产品以及由省、自治区、直辖市财税部门确定的其他可食用的农产品。
3. 享受税收优惠的土地，是指农产品批发市场、农贸市场直接为农产品交易提供服务的土地。

【政策依据】

《财政部　国家税务总局关于继续实行农产品批发市场、农贸市场房产税、城镇土地使用税优惠政策的通知》（财税〔2016〕1号）（略，见文件47-1）

49. 国家指定收购部门订立农副产品收购合同免征印花税

【享受主体】

国家指定的收购部门与村民委员会、农民个人。

【优惠内容】

国家指定的收购部门与村民委员会、农民个人书立的农副产品收购合同，免纳印花税。

【享受条件】

订立收购合同的双方应为国家指定的收购部门与村民委员会或农民个人。

【政策依据】

(1)《中华人民共和国印花税暂行条例》第四条

(2)《中华人民共和国印花税暂行条例施行细则》第十三条

政策链接

49-1 《中华人民共和国印花税暂行条例》第四条

　　2011年1月8日　中华人民共和国国务院令第588号

第四条　下列凭证免纳印花税：

(一) 已缴纳印花税的凭证的副本或者抄本；

(二) 财产所有人将财产赠给政府、社会福利单位、学校所立的书据；

(三) 经财政部批准免税的其他凭证。

49-2 《中华人民共和国印花税暂行条例施行细则》第十三条

　　1988年9月29日　(1988)财税字第255号

第十三条　根据条例第四条第(三)款规定，对下列凭证免纳印花税：

(一) 国家指定的收购部门与村民委员会、农民个人书立的农副产品收购合同；

(二) 无息、贴息贷款合同；

(三) 外国政府或者国际金融组织向我国政府及国家金融机构提供优惠贷款所书立的合同。

(五) 促进农业资源综合利用税收优惠

50. 以部分农林剩余物为原料生产燃料电力热力实行增值税即征即退100%

【享受主体】

以部分农林剩余物等为原料生产生物质压块、沼气等燃料，电力、热力的纳税人。

【优惠内容】

对销售自产的以餐厨垃圾、畜禽粪便、稻壳、花生壳、玉米芯、油茶壳、棉籽壳、三剩物、次小薪材、农作物秸秆、蔗渣，以及利用上述资源发酵产生的沼气为原料，生产的生物质压块、沼气等燃料，电力、热力实行增值税即征即退100%的政策。

【享受条件】

1. 纳税人为增值税一般纳税人。
2. 销售综合利用产品和劳务，不属于国家发展改革委《产业结构调整指导目录》中的禁止类、限制类项目。
3. 销售综合利用产品和劳务，不属于环境保护部《环境保护综合名录》中的"高污染、高环境风险"产品或者重污染工艺。
4. 综合利用的资源，属于环境保护部《国家危险废物名录》列明的危险废物的，应当取得省级及以上环境保护部门颁发的《危险废物经营许可证》，且许可经营范围包括该危险废物的利用。
5. 纳税信用等级不属于税务机关评定的C级或D级。
6. 产品原料或者燃料80%以上来自所列资源。
7. 纳税人符合《锅炉大气污染物排放标准》（GB13271—2014）、《火电厂大气污染物排放标准》（GB13223-2011）或《生活垃圾焚烧污染控制标准》（GB18485-2001）规定的技术要求。

【政策依据】

《财政部　国家税务总局关于印发〈资源综合利用产品和劳务增值税优惠目录〉的通知》（财税〔2015〕78号）

政策链接

50-1 《财政部　国家税务总局关于印发〈资源综合利用产品和劳务增值税优惠目录〉的通知》
　　　2015年6月12日　财税〔2015〕78号

各省、自治区、直辖市、计划单列市财政厅（局）、国家税务局，新疆生产建设兵团财务局：

为了落实国务院精神，进一步推动资源综合利用和节能减排，规范和优化增值税政策，决定对资源综合利用产品和劳务增值税优惠政策进行整合和调整。现将有关政策统一明确如下：

一、纳税人销售自产的资源综合利用产品和提供资源综合利用劳务（以下称销售综合利用产品和劳务），可享受增值税即征即退政策。具体综合利用的资源名称、综合利用产品和劳务名称、技术标准和相关条件、退税比例等按照本通知所附《资源综合利用产品和劳务增值税优惠目录》（以下简称《目录》）的相关规定执行。

二、纳税人从事《目录》所列的资源综合利用项目，其申请享受本通知规定的增值税即征即退政策时，应同时符合下列条件：

（一）属于增值税一般纳税人。

（二）销售综合利用产品和劳务，不属于国家发展改革委《产业结构调整指导目录》中的禁止类、限制类项目。

（三）销售综合利用产品和劳务，不属于环境保护部《环境保护综合名录》中的"高污染、高环境风险"产品或者重污染工艺。

（四）综合利用的资源，属于环境保护部《国家危险废物名录》列明的危险废物的，应当取得省级及以上环境保护部门颁发的《危险废物经营许可证》，且许可经营范围包括该危险废物的利用。

（五）纳税信用等级不属于税务机关评定的 C 级或 D 级。

纳税人在办理退税事宜时，应向主管税务机关提供其符合本条规定的上述条件以及《目录》规定的技术标准和相关条件的书面声明材料，未提供书面声明材料或者出具虚假材料的，税务机关不得给予退税。

三、已享受本通知规定的增值税即征即退政策的纳税人，自不符合本通知第二条规定的条件以及《目录》规定的技术标准和相关条件的次月起，不再享受本通知规定的增值税即征即退政策。

四、已享受本通知规定的增值税即征即退政策的纳税人，因违反税收、环境保护的法律法规受到处罚（警告或单次 1 万元以下罚款除外）的，自处罚决定下达的次月起 36 个月内，不得享受本通知规定的增值税即征即退政策。

五、纳税人应当单独核算适用增值税即征即退政策的综合利用产品和劳务的销售额和应纳税额。未单独核算的，不得享受本通知规定的增值税即征即退政策。

六、各省、自治区、直辖市、计划单列市税务机关应于每年 2 月底之前在其网站上，将本地区上一年度所有享受本通知规定的增值税即征即退政策的纳税人，按下列项目予以公示：纳税人名称、纳税人识别号，综合利用的资源名称、数量,综合利用产品和劳务名称。

七、本通知自2015年7月1日起执行。《财政部 国家税务总局关于资源综合利用及其他产品增值税政策的通知》(财税〔2008〕156号)、《财政部 国家税务总局关于资源综合利用及其他产品增值税政策的补充通知》(财税〔2009〕163号)、《财政部 国家税务总局关于调整完善资源综合利用及劳务增值税政策的通知》(财税〔2011〕115号)、《财政部 国家税务总局关于享受资源综合利用增值税优惠政策的纳税人执行污染物排放标准的通知》(财税〔2013〕23号)同时废止。上述文件废止前,纳税人因主管部门取消《资源综合利用认定证书》,或者因环保部门不再出具环保核查证明文件的原因,未能办理相关退(免)税事宜的,可不以《资源综合利用认定证书》或环保核查证明文件作为享受税收优惠政策的条件,继续享受上述文件规定的优惠政策。

附件:资源综合利用产品和劳务增值税优惠目录(编者略)

51. 以部分农林剩余物为原料生产资源综合利用产品实行增值税即征即退70%

【享受主体】

以三剩物等生产纤维板等工业原料的纳税人。

【优惠内容】

对销售自产的以三剩物、次小薪材、农作物秸秆、沙柳为原料,生产的纤维板、刨花板、细木工板、生物碳、活性炭、栲胶、水解酒精、纤维素、木质素、木糖、阿拉伯糖、糠醛、箱板纸实行增值税即征即退70%的政策。

【享受条件】

1. 纳税人为增值税一般纳税人。

2. 销售综合利用产品和劳务,不属于国家发展改革委《产业结构调整指导目录》中的禁止类、限制类项目。

3. 销售综合利用产品和劳务,不属于环境保护部《环境保护综合名录》中的"高污染、高环境风险"产品或者重污染工艺。

4. 综合利用的资源,属于环境保护部《国家危险废物名录》列明的危险废物的,应当取得省级及以上环境保护部门颁发的《危险废物经营许可证》,且许可经营范围包括该危险废物的利用。

5. 纳税信用等级不属于税务机关评定的C级或D级。

6. 产品原料95%以上来自所列资源。

【政策依据】

《财政部 国家税务总局关于印发〈资源综合利用产品和劳务增值税优惠目录〉的通知》(财税〔2015〕78号)(略,见文件50-1)

52. 以废弃动植物油为原料生产生物柴油等实行增值税即征即退70%

【享受主体】

以废弃动植物油为原料生产生物柴油等资源综合利用产品的纳税人。

【优惠内容】

对销售自产的以废弃动物油和植物油为原料生产的生物柴油、工业级混合油实行增值税即征即退70%政策。

【享受条件】

1. 纳税人为增值税一般纳税人。
2. 销售综合利用产品和劳务,不属于国家发展改革委《产业结构调整指导目录》中的禁止类、限制类项目。
3. 销售综合利用产品和劳务,不属于环境保护部《环境保护综合名录》中的"高污染、高环境风险"产品或者重污染工艺。
4. 综合利用的资源,属于环境保护部《国家危险废物名录》列明的危险废物的,应当取得省级及以上环境保护部门颁发的《危险废物经营许可证》,且许可经营范围包括该危险废物的利用。
5. 纳税信用等级不属于税务机关评定的C级或D级。
6. 产品原料70%以上来自所列资源。
7. 工业级混合油的销售对象须为化工企业。

【政策依据】

《财政部 国家税务总局关于印发〈资源综合利用产品和劳务增值税优惠目录〉的通知》(财税〔2015〕78号)(略,见文件50-1)

53. 以农作物秸秆为原料生产纸浆、秸秆浆和纸实行增值税即征即退 50%

【享受主体】

以农作物秸秆为原料生产纸浆、秸秆浆和纸的纳税人。

【优惠内容】

对销售自产的以农作物秸秆为原料生产的纸浆、秸秆浆和纸实行增值税即征即退 50% 政策。

【享受条件】

1. 纳税人为增值税一般纳税人。

2. 销售综合利用产品和劳务，不属于国家发展改革委《产业结构调整指导目录》中的禁止类、限制类项目。

3. 销售综合利用产品和劳务，不属于环境保护部《环境保护综合名录》中的"高污染、高环境风险"产品或者重污染工艺。

4. 综合利用的资源，属于环境保护部《国家危险废物名录》列明的危险废物的，应当取得省级及以上环境保护部门颁发的《危险废物经营许可证》，且许可经营范围包括该危险废物的利用。

5. 纳税信用等级不属于税务机关评定的 C 级或 D 级。

6. 产品原料 70% 以上来自所列资源。

7. 废水排放符合《制浆造纸工业水污染物排放标准》（GB3544—2008）规定的技术要求。

8. 纳税人符合《制浆造纸行业清洁生产评价指标体系》规定的技术要求。

9. 纳税人必须通过 ISO9000、ISO14000 认证。

【政策依据】

《财政部 国家税务总局关于印发〈资源综合利用产品和劳务增值税优惠目录〉的通知》（财税〔2015〕78 号）（略，见文件 50-1）

54. 以锯末等原料生产的人造板及其制品实行减按 90% 计入收入总额

【享受主体】

以锯末等为原料生产人造板及其制品的纳税人。

【优惠内容】

对企业以锯末、树皮、枝丫材为材料，生产的人造板及其制品取得的收入，减按 90% 计入收入总额。

【享受条件】

1. 符合产品标准。
2. 产品原料 100% 来自锯末、树皮、枝丫材等。

【政策依据】

（1）《中华人民共和国企业所得税法》第三十三条

（2）《中华人民共和国企业所得税法实施条例》第九十九条

（3）《财政部　国家税务总局关于执行资源综合利用企业所得税优惠目录有关问题的通知》（财税〔2008〕47 号）

（4）《财政部　国家税务总局　国家发展改革委关于公布资源综合利用企业所得税优惠目录（2008 年版）的通知》（财税〔2008〕117 号）

政策链接

54 -1 《中华人民共和国企业所得税法》第三十三条

　　2017 年 2 月 24 日　中华人民共和国主席令第六十四号

　　第三十三条　企业综合利用资源，生产符合国家产业政策规定的产品所取得的收入，可以在计算应纳税所得额时减计收入。

54 -2 《中华人民共和国企业所得税法实施条例》第九十九条

　　2007 年 12 月 6 日　中华人民共和国国务院令第 512 号

　　第九十九条　企业所得税法第三十三条所称减计收入，是指企业以《资源综合利用企业所得税优惠目录》规定的资源作为主要原材料，生产国家非限制和禁止并符合国家和行业相关标准的产品取得的收入，减按90%计入收入总额。

前款所称原材料占生产产品材料的比例不得低于《资源综合利用企业所得税优惠目录》规定的标准。

54-3 《财政部 国家税务总局关于执行资源综合利用企业所得税优惠目录有关问题的通知》

2008年9月23日 财税〔2008〕47号

各省、自治区、直辖市、计划单列市财政厅（局）、国家税务局、地方税务局，新疆生产建设兵团财务局：

根据《中华人民共和国企业所得税法》和《中华人民共和国企业所得税法实施条例》（国务院令第512号，以下简称实施条例）有关规定，经国务院批准，财政部、税务总局、发展改革委公布了《资源综合利用企业所得税优惠目录》（以下简称《目录》）。现将执行《目录》的有关问题通知如下：

一、企业自2008年1月1日起以《目录》中所列资源为主要原材料，生产《目录》内符合国家或行业相关标准的产品取得的收入，在计算应纳税所得额时，减按90%计入当年收入总额。享受上述税收优惠时，《目录》内所列资源占产品原料的比例应符合《目录》规定的技术标准。

二、企业同时从事其他项目而取得的非资源综合利用收入，应与资源综合利用收入分开核算，没有分开核算的，不得享受优惠政策。

三、企业从事不符合实施条例和《目录》规定范围、条件和技术标准的项目，不得享受资源综合利用企业所得税优惠政策。

四、根据经济社会发展需要及企业所得税优惠政策实施情况，国务院财政、税务主管部门会同国家发展改革委等有关部门适时对《目录》内的项目进行调整和修订，并在报国务院批准后对《目录》进行更新。

54-4 《财政部 国家税务总局 国家发展改革委关于公布资源综合利用企业所得税优惠目录（2008年版）的通知》

2008年8月20日 财税〔2008〕117号

各省、自治区、直辖市、计划单列市财政厅（局）、国家税务局、地方税务局、发展改革委、经贸委（经委），新疆生产建设兵团财务局：

《资源综合利用企业所得税优惠目录（2008年版）》，已经国务院批准，现予以公布,自 2008 年 1 月 1 日起施行。2004 年 1 月 12 日国家发展改革委、财政部、国家税务总局发布的《资源综合利用目录(2003 年修订)》同时废止。

附件:资源综合利用企业所得税优惠目录(2008 年版)

附件

资源综合利用企业所得税优惠目录(2008 年版)

类别	序号	综合利用的资源	生产的产品	技术标准
一、共生、伴生矿产资源	1	煤系共生、伴生矿产资源、瓦斯	高岭岩、铝钒土、膨润土、电力、热力及燃气	1. 产品原料 100% 来自所列资源 2. 煤炭开发中的废弃物 3. 产品符合国家和行业标准
二、废水(液)、废气、废渣	2	煤矸石、石煤、粉煤灰、采矿和选矿废渣、冶炼废渣、工业炉渣、脱硫石膏、磷石膏、江河(渠)道的清淤(淤沙)、风积沙、建筑垃圾、生活垃圾焚烧余渣、化工废渣、工业废渣	砖(瓦)、砌块、墙板类产品、石膏类制品以及商品粉煤灰	产品原料 70% 以上来自所列资源
	3	转炉渣、电炉渣、铁合金炉渣、氧化铝赤泥、化工废渣、工业废渣	铁、铁合金料、精矿粉、稀土	产品原料 100% 来自所列资源
	4	化工、纺织、造纸工业废液及废渣	银、盐、锌、纤维、碱、羊毛脂、聚乙烯醇、硫化钠、亚硫酸钠、硫氰酸钠、硝酸、铁盐、铬盐、木素磺酸盐、乙酸、乙二酸、乙酸钠、盐酸、粘合剂、酒精、香兰素、饲料酵母、肥料、甘油、乙氰	产品原料 70% 以上来自所列资源
	5	制盐液(苦卤)及硼酸废液	氯化钾、硝酸钾、溴素、氯化镁、氢氧化镁、无水硝、石膏、硫酸镁、硫酸钾、肥料	产品原料 70% 以上来自所列资源
	6	工矿废水、城市污水	再生水	1. 产品原料 100% 来自所列资源 2. 达到国家有关标准
	7	废生物质油,废弃润滑油	生物柴油及工业油料	产品原料 100% 来自所列资源

续表

类别	序号	综合利用的资源	生产的产品	技术标准
二、废水（液）、废气、废渣	8	焦炉煤气，化工、石油（炼油）化工废气、发酵废气、火炬气、炭黑尾气	硫磺、硫酸、磷铵、硫铵、脱硫石膏，可燃气、轻烃、氢气，硫酸亚铁、有色金属，二氧化碳、干冰、甲醇、合成氨	
	9	转炉煤气、高炉煤气、火炬气以及除焦炉煤气以外的工业炉气，工业过程中的余热、余压	电力、热力	
三、再生资源	10	废旧电池、电子电器产品	金属（包括稀贵金属）、非金属	产品原料100%来自所列资源
	11	废感光材料、废灯泡（管）	有色（稀贵）金属及其产品	产品原料100%来自所列资源
	12	锯末、树皮、枝丫材	人造及其制品	1. 符合产品标准 2. 产品原料100%来自所列资源
	13	废塑料	塑料制品	产品原料100%来自所列资源
	14	废、旧轮胎	翻新轮胎、胶粉	1. 产品符合GB9037和GB14646标准 2. 产品原料100%来自所列资源 3. 符合GB/T19208等标准规定的性能指标
	15	废弃天然纤维；化学纤维及其制品	造纸原料、纤维纱及织物、无纺布、毡、粘合剂、再生聚酯	产品原料100%来自所列资源
	16	农作物秸秆及壳皮（包括粮食作物秸秆、农业经济作物秸秆、粮食壳皮、玉米芯）	代木产品，电力、热力及燃气	产品原料70%以上来自所列资源

55. 以农作物秸秆及壳皮等原料生产电力等产品实行减按90%计入收入总额

【享受主体】

以农作物秸秆及壳皮等为原料生产电力等产品的纳税人。

【优惠内容】

对企业以农作物秸秆及壳皮（包括粮食作物秸秆、农业经济作物秸秆、粮食壳皮、玉米芯）为主要原料，生产的代木产品、电力、热力及燃气取得的收入，减按90%计入收入总额。

【享受条件】

产品原料70%以上来自农作物秸秆及壳皮（包括粮食作物秸秆、农业经济作物秸秆、粮食壳皮、玉米芯）。

【政策依据】

（1）《中华人民共和国企业所得税法》第三十三条（略，见文件54－1）

（2）《中华人民共和国企业所得税法实施条例》第九十九条（略，见文件54－2）

（3）《财政部　国家税务总局关于执行资源综合利用企业所得税优惠目录有关问题的通知》（财税〔2008〕47号）（略，见文件54－3）

（4）《财政部　国家税务总局　国家发展改革委关于公布资源综合利用企业所得税优惠目录（2008年版）的通知》（财税〔2008〕117号）（略，见文件54－4）

56. 沼气综合开发利用享受企业所得税"三免三减半"

【享受主体】

从事沼气综合开发利用项目的纳税人。

【优惠内容】

纳税人从事沼气综合开发利用项目中"畜禽养殖场和养殖小区沼气工程项目"的所得，自项目取得第一笔生产经营收入所属纳税年度起，第一年至第三年免征企业所得税，第四年至第六年减半征收企业所得税。

【享受条件】

1. 单体装置容积不小于300立方米，年平均日产沼气量不低于300立方米/天，且符合国家有关沼气工程技术规范的项目。

2. 废水排放、废渣处置、沼气利用符合国家和地方有关标准，不产生二次污染。

3. 项目包括完整的发酵原料的预处理设施、沼渣和沼液的综合利用或进一步处理系统，沼气净化、储存、输配和利用系统。

4. 项目设计、施工和运行管理人员具备国家相应职业资格。

5. 项目按照国家法律法规要求，通过相关验收。

6. 国务院财政、税务主管部门规定的其他条件。

【政策依据】

（1）《中华人民共和国企业所得税法》第二十七条（略，见文件40－1）

（2）《中华人民共和国企业所得税法实施条例》第八十八条

（3）《财政部　国家税务总局　国家发展改革委关于公布环境保护节能节水项目企业所得税优惠目录（试行）的通知》（财税〔2009〕166号）

（4）《财政部　国家税务总局关于公共基础设施项目和环境保护节能节水项目企业所得税优惠政策问题的通知》（财税〔2012〕10号）

政策链接

56－1 《中华人民共和国企业所得税法实施条例》第八十八条

2007年12月6日　中华人民共和国国务院令第512号

第八十八条　企业所得税法第二十七条第（三）项所称符合条件的环境保护、节能节水项目，包括公共污水处理、公共垃圾处理、沼气综合开发利用、节能减排技术改造、海水淡化等。项目的具体条件和范围由国务院财政、税务主管部门商国务院有关部门制订，报国务院批准后公布施行。

企业从事前款规定的符合条件的环境保护、节能节水项目的所得，自项目取得第一笔生产经营收入所属纳税年度起，第一年至第三年免征企业所得税，第四年至第六年减半征收企业所得税。

二、推动涉农产业发展 | 99

56-2 《财政部 国家税务总局 国家发展改革委关于公布环境保护节能节水项目企业所得税优惠目录（试行）的通知》①
2009年12月31日 财税〔2009〕166号

各省、自治区、直辖市、计划单列市财政厅（局）、国家税务局、地方税务局、发展改革委、经贸委（经委）、新疆生产建设兵团财务局：

《环境保护、节能节水项目企业所得税优惠目录（试行）》，已经国务院批准，现予以公布，自2008年1月1日起施行。

附件：环境保护、节能节水项目企业所得税优惠目录（试行）

附件

环境保护、节能节水项目企业所得税优惠目录（试行）

序号	类别	项目	条件
1	公共污水处理	城镇污水处理项目	1. 根据全国城镇污水处理设施建设规划等全国性规划设立； 2. 专门从事城镇污水的收集、贮存、运输、处置以及污泥处置（含符合国家产业政策和准入条件的水泥窑协同处置）； 3. 根据国家规定获得污水处理特许经营权，或符合环境保护行政主管部门规定的生活污水类污染治理设施运营资质条件； 4. 项目设计、施工和运行管理人员具备国家相应职业资格； 5. 项目按照国家法律法规要求，通过相关验收； 6. 项目经设区的市或者市级以上环境保护行政主管部门总量核查； 7. 排放水符合国家及地方规定的水污染物排放标准和重点水污染物排放总量控制指标； 8. 国务院财政、税务主管部门规定的其他条件。

---

① 政策调整。"企业符合条件的环境保护、节能节水项目的所得享受所得税优惠的备案核准"取消。参见：1.《国家税务总局关于贯彻落实〈国务院关于第一批取消62项中央指定地方实施行政审批事项的决定〉的通知》，税总发〔2015〕141号。2.《国务院关于第一批取消62项中央指定地方实施行政审批事项的决定》，国发〔2015〕57号。3.《国家税务总局关于公布已取消的22项税务非行政许可审批事项的公告》，国家税务总局公告2015年第58号。

续表

序号	类别	项目	条件
1	公共污水处理	工业废水处理项目	1. 根据全国重点流域水污染防治规划等全国性规划设立，但按照国家规定作为企业必备配套设施的自用的污水处理项目除外； 2. 专门从事工业污水的收集、贮存、运输、处置以及污泥处置（含符合国家产业政策和准入条件的水泥窑协同处置）； 3. 符合环境保护行政主管部门规定的工业废水类污染治理设施运营资质条件； 4. 项目设计、施工和运行管理人员具备国家相应职业资格； 5. 项目按照国家法律法规要求，通过相关验收； 6. 项目经设区的市或者市级以上环境保护行政主管部门总量核查； 7. 排放水符合国家及地方规定的水污染物排放标准和重点水污染物排放总量控制指标； 8. 国务院财政、税务主管部门规定的其他条件。
2	公共垃圾处理	生活垃圾处理项目	1. 根据全国城镇垃圾处理设施建设规划等全国性规划设立； 2. 专门从事生活垃圾的收集、贮存、运输、处置； 3. 采用符合国家规定标准的卫生填埋、焚烧、热解、堆肥、水泥窑协同处置等工艺，其中：水泥窑协同处置要符合国家产业政策和准入条件； 4. 根据国家规定获得垃圾处理特许经营权，或符合环境保护行政主管部门规定的生活垃圾类污染治理设施运营资质条件； 5. 项目设计、施工和运行管理人员具备国家相应职业资格； 6. 按照国家法律法规要求，通过相关验收； 7. 项目经设区的市或者市级以上环境保护行政主管部门总量核查； 8. 国务院财政、税务主管部门规定的其他条件。
		工业固体废物处理项目	1. 根据全国危险废物处置设施建设规划等全国性规划设立，但按照国家规定作为企业必备配套设施的自用的废弃物处理项目除外； 2. 专门从事工业固体废物或危险废物的收集、贮存、运输、处置； 3. 采用符合国家规定标准的卫生填埋、焚烧、热解、堆肥、水泥窑协同处置等工艺，其中：水泥窑协同处置要符合国家产业政策和准入条件； 4. 工业固体废物处理项目符合环境保护行政主管部门规定的工业固体废物类污染治理设施运营资质条件，危险废物处理项目取得县级以上人民政府环境保护行政主管部门颁发的危险废物经营许可证；
		危险废物处理项目	5. 项目设计、施工和运行管理人员具备国家相应职业资格； 6. 按照国家法律法规要求，通过相关验收； 7. 项目经设区的市或者市级以上环境保护行政主管部门总量核查； 8. 国务院财政、税务主管部门规定的其他条件。

续表

序号	类别	项目	条件
3	沼气综合开发利用	畜禽养殖场和养殖小区沼气工程项目	1. 单体装置容积不小于300立方米，年平均日产沼气量不低于300立方米/天，且符合国家有关沼气工程技术规范的项目； 2. 废水排放、废渣处置、沼气利用符合国家和地方有关标准，不产生二次污染； 3. 项目包括完整的发酵原料的预处理设施、沼渣和沼液的综合利用或进一步处理系统，沼气净化、储存、输配和利用系统； 4. 项目设计、施工和运行管理人员具备国家相应职业资格； 5. 项目按照国家法律法规要求，通过相关验收； 6. 国务院财政、税务主管部门规定的其他条件。
4	节能减排技术改造	1. 既有高能耗建筑节能改造项目 2. 既有建筑太阳能光热、光电建筑一体化技术或浅层地能热泵技术改造项目 3. 既有居住建筑供热计量及节能改造项目 4. 工业锅炉、工业窑炉节能技术改造项目 5. 电机系统节能、能量系统优化技术改造项目 6. 煤炭工业复合式干法选煤技术改造项目 7. 钢铁行业干式除尘技术改造项目 8. 有色金属行业干式除尘净化技术改造项目	1. 具有独立法人资质，且注册资金不低于100万元的节能减排技术服务公司以合同能源管理的形式，通过节省能源费用或节能量来支付项目成本的节能减排技术改造项目； 2. 项目应符合国家产业政策，并达到国家有关节能和环境标准； 3. 经建筑能效测评机构检测，既有高能耗建筑节能改造和北方既有居住建筑供热计量及节能改造达到现行节能强制性标准要求，既有建筑太阳能光热、光电建筑一体化技术或浅层地能热泵技术改造后达到现行国家有关标准要求； 4. 经省级节能节水主管部门验收，工业锅炉、工业窑炉技术改造和电机系统节能、能量系统优化技术改造项目年节能量折算后不小于1000吨标准煤，煤炭工业复合式干法选煤技术改造、钢铁行业干式除尘技术改造和有色金属行业干式除尘净化技术改造项目年节水量不小于200万立方米； 5. 项目应纳税所得额的计算应符合独立交易原则； 6. 国务院财政、税务主管部门规定的其他条件。
		9. 燃煤电厂烟气脱硫技术改造项目	1. 按照国家有关法律法规设立的，具有独立法人资质，且注册资金不低于500万元的专门从事脱硫服务的公司从事的符合规定的脱硫技术改造项目； 2. 改造后，采用干法或半干法脱硫的项目脱硫效率应高于85%，采用湿法或其他方法脱硫的项目脱硫效率应高于98%； 3. 项目改造后经国家有关部门评估，综合效益良好； 4. 设施能够稳定运行，达到环境保护行政主管部门对二氧化硫的排放总量及浓度控制要求； 5. 项目应纳税所得额的计算应符合独立交易原则； 6. 国务院财政、税务主管部门规定的其他条件。

续表

序号	类别	项目	条件
5	海水淡化	用作工业、生活用水的海水淡化项目	1. 符合《海水利用专项规划》中规定的发展重点以及区域布局等要求； 2. 规模不小于淡水产量10000吨/日； 3. 热法海水淡化项目的物能消耗指标为吨水耗电量小于1.8千瓦时/吨、造水比大于8，膜法海水淡化项目的能耗指标为吨水耗电量小于4.0千瓦时/吨； 4. 国务院财政、税务主管部门规定的其他条件。
		用作海岛军民饮用水的海水淡化项目	1. 符合《海水利用专项规划》中规定的发展重点以及区域布局等要求； 2. 热法海水淡化项目的物能消耗指标为吨水耗电量小于1.8千瓦时/吨、造水比大于8，膜法海水淡化项目的能耗指标为吨水耗电量小于4.0千瓦时/吨； 3. 国务院财政、税务主管部门规定的其他条件。

56-3 《财政部 国家税务总局关于公共基础设施项目和环境保护节能节水项目企业所得税优惠政策问题的通知》

2012年1月5日 财税〔2012〕10号

各省、自治区、直辖市、计划单列市财政厅（局）、国家税务局、地方税务局，新疆生产建设兵团财务局：

根据《中华人民共和国企业所得税法》（以下简称新税法）和《中华人民共和国企业所得税法实施条例》（国务院令第512号）的有关规定，现就企业享受公共基础设施项目和环境保护、节能节水项目企业所得税优惠政策问题通知如下：

一、企业从事符合《公共基础设施项目企业所得税优惠目录》规定，于2007年12月31日前已经批准的公共基础设施项目投资经营的所得，以及从事符合《环境保护、节能节水项目企业所得税优惠目录》规定，于2007年12月31日前已经批准的环境保护、节能节水项目的所得，可在该项目取得第一笔生产经营收入所属纳税年度起，按新税法规定计算的企业所得税"三免三减半"优惠期间内，自2008年1月1日起享受其剩余年限的减免企业所得税优惠。

二、如企业既符合享受上述税收优惠政策的条件，又符合享受《国务院关于实施企业所得税过渡优惠政策的通知》（国发〔2007〕39号）第一条规定的企业所得税过渡优惠政策的条件，由企业选择最优惠的政策执行，不得叠加享受。

三、激发贫困地区创业就业活力

（一）小微企业税收优惠

57. 增值税小规模纳税人销售额限额内免征增值税

【享受主体】

增值税小规模纳税人。

【优惠内容】

自 2018 年 1 月 1 日至 2020 年 12 月 31 日，对月销售额不超过 3 万元（按季纳税 9 万元）的增值税小规模纳税人，免征增值税。

【享受条件】

1. 此优惠政策适用于增值税小规模纳税人（包括：企业和非企业单位、个体工商户、其他个人）。

2. 增值税小规模纳税人应分别核算销售货物或者加工、修理修配劳务的销售额和销售服务、无形资产的销售额。销售货物或者加工、修理修配劳务月销售额不超过 3 万元（按季纳税 9 万元），销售服务、无形资产月销售额不超过 3 万元（按季纳税 9 万元）的，可分别享受小微企业暂免征收增值税优惠政策。

【政策依据】

（1）《中华人民共和国增值税暂行条例实施细则》（中华人民共和国财政部令第 65 号）第三十七条

（2）《财政部　国家税务总局关于暂免征收部分小微企业增值税和营业税的通知》（财税〔2013〕52 号）

（3）《财政部　国家税务总局关于全面推开营业税改征增值税试点的通知》（财税〔2016〕36号）附件1《营业税改征增值税试点实施办法》第五十条

（4）《财政部　税务总局关于延续小微企业增值税政策的通知》（财税〔2017〕76号）

（5）《财政部　税务总局关于统一增值税小规模纳税人标准的通知》（财税〔2018〕33号）

（6）《国家税务总局关于小微企业免征增值税有关问题的公告》（国家税务总局公告2017年第52号）

政策链接

57-1 《中华人民共和国增值税暂行条例实施细则》第三十七条
　　　2011年10月28日　中华人民共和国财政部令第65号

第三十七条　增值税起征点的适用范围限于个人。

增值税起征点的幅度规定如下：

（一）销售货物的，为月销售额5000~20000元；

（二）销售应税劳务的，为月销售额5000~20000元；

（三）按次纳税的，为每次（日）销售额300~500元。

前款所称销售额，是指本细则第三十条第一款所称小规模纳税人的销售额。

省、自治区、直辖市财政厅（局）和国家税务局应在规定的幅度内，根据实际情况确定本地区适用的起征点，并报财政部、国家税务总局备案。

57-2 《财政部　国家税务总局关于暂免征收部分小微企业增值税和营业税的通知》
　　　2013年7月29日　财税〔2013〕52号

各省、自治区、直辖市、计划单列市财政厅（局）、国家税务局、地方税务局，新疆生产建设兵团财务局：

为进一步扶持小微企业发展，经国务院批准，自2013年8月1日起，对增值税小规模纳税人中月销售额不超过2万元的企业或非企业性单位，暂免征收增值税；对营业税纳税人中月营业额不超过2万元的企业或非企业性单位，暂免征收营业税。

请遵照执行。

57-3 《财政部　国家税务总局关于全面推开营业税改征增值税试点的通知》附件1《营业税改征增值税试点实施办法》第五十条
2016年3月23日　财税〔2016〕36号

第五十条　增值税起征点幅度如下：

（一）按期纳税的，为月销售额5000-20000元（含本数）。

（二）按次纳税的，为每次（日）销售额300-500元（含本数）。

起征点的调整由财政部和国家税务总局规定。省、自治区、直辖市财政厅（局）和国家税务局应当在规定的幅度内，根据实际情况确定本地区适用的起征点，并报财政部和国家税务总局备案。

对增值税小规模纳税人中月销售额未达到2万元的企业或非企业性单位，免征增值税。2017年12月31日前，对月销售额2万元（含本数）至3万元的增值税小规模纳税人，免征增值税。

57-4 《财政部　税务总局关于延续小微企业增值税政策的通知》
2017年10月20日　财税〔2017〕76号

各省、自治区、直辖市、计划单列市财政厅（局）、国家税务局、地方税务局，新疆生产建设兵团财务局：

为支持小微企业发展，自2018年1月1日至2020年12月31日，继续对月销售额2万元（含本数）至3万元的增值税小规模纳税人，免征增值税。

57-5 《财政部　税务总局关于统一增值税小规模纳税人标准的通知》
2018年4月4日　财税〔2018〕33号

各省、自治区、直辖市、计划单列市财政厅（局）、国家税务局、地方税务局，新疆生产建设兵团财政局：

为完善增值税制度，进一步支持中小微企业发展，现将统一增值税小规模纳税人标准有关事项通知如下：

一、增值税小规模纳税人标准为年应征增值税销售额500万元及以下。

二、按照《中华人民共和国增值税暂行条例实施细则》第二十八条规定已登记为增值税一般纳税人的单位和个人，在2018年12月31日前，可转登记为小规模纳税人，其未抵扣的进项税额作转出处理。

三、本通知自2018年5月1日起执行。

57-6 《国家税务总局关于小微企业免征增值税有关问题的公告》
2017年12月27日　国家税务总局公告2017年第52号

为支持小微企业发展,根据《财政部　税务总局关于延续小微企业增值税政策的通知》(财税〔2017〕76号),现将小微企业增值税有关问题公告如下:

增值税小规模纳税人应分别核算销售货物或者加工、修理修配劳务的销售额和销售服务、无形资产的销售额。增值税小规模纳税人销售货物或者加工、修理修配劳务月销售额不超过3万元(按季纳税9万元),销售服务、无形资产月销售额不超过3万元(按季纳税9万元)的,自2018年1月1日起至2020年12月31日,可分别享受小微企业暂免征收增值税优惠政策。

特此公告。

58. 小型微利企业减免企业所得税

【享受主体】

小型微利企业。

【优惠内容】

自2017年1月1日至2019年12月31日,对年应纳税所得额低于50万元(含50万元)的小型微利企业,其所得减按50%计入应纳税所得额,按20%的税率缴纳企业所得税。

【享受条件】

1. 小型微利企业:是指从事国家非限制和禁止行业,并符合下列条件的企业:

(1) 工业企业,年度应纳税所得额不超过50万元,从业人数不超过100人,资产总额不超过3000万元。

(2) 其他企业,年度应纳税所得额不超过50万元,从业人数不超过80人,资产总额不超过1000万元。

从业人数包括与企业建立劳动关系的职工人数和企业接受的劳务派遣用工人数。从业人数和资产总额指标,应按企业全年的季度平均值确定。具体计算公式如下:

季度平均值 =（季初值 + 季末值）÷2
全年季度平均值 = 全年各季度平均值之和 ÷4

年度中间开业或者终止经营活动的，以其实际经营期作为一个纳税年度确定上述相关指标。

2. 应纳税所得额：自 2017 年 1 月 1 日至 2019 年 12 月 31 日，年应纳税所得额低于 50 万元（含 50 万元）。

【政策依据】

（1）《中华人民共和国企业所得税法》（中华人民共和国主席令第六十四号）第二十八条第一款

（2）《中华人民共和国企业所得税法实施条例》（中华人民共和国国务院令第 512 号）第九十二条

（3）《财政部　税务总局关于扩大小型微利企业所得税优惠政策范围的通知》（财税〔2017〕43 号）

（4）《国家税务总局关于贯彻落实扩大小型微利企业所得税优惠政策范围有关征管问题的公告》（国家税务总局公告 2017 年第 23 号）

政策链接

58-1 《中华人民共和国企业所得税法》第二十八条第一款
　　2017 年 2 月 24 日　中华人民共和国主席令第六十四号

　　第二十八条　符合条件的小型微利企业，减按 20% 的税率征收企业所得税。

58-2 《中华人民共和国企业所得税法实施条例》第九十二条
　　2007 年 12 月 6 日　中华人民共和国国务院令第 512 号

　　第九十二条　企业所得税法第二十八条第一款所称符合条件的小型微利企业，是指从事国家非限制和禁止行业，并符合下列条件的企业：

（一）工业企业，年度应纳税所得额不超过 30 万元，从业人数不超过 100 人，资产总额不超过 3000 万元；

（二）其他企业，年度应纳税所得额不超过 30 万元，从业人数不超过 80 人，资产总额不超过 1000 万元。

58-3 《财政部 税务总局关于扩大小型微利企业所得税优惠政策范围的通知》

2017年6月6日 财税〔2017〕43号

各省、自治区、直辖市、计划单列市财政厅（局）、国家税务局、地方税务局，新疆生产建设兵团财务局：

为进一步支持小型微利企业发展，现就小型微利企业所得税政策通知如下：

一、自2017年1月1日至2019年12月31日，将小型微利企业的年应纳税所得额上限由30万元提高至50万元，对年应纳税所得额低于50万元（含50万元）的小型微利企业，其所得减按50%计入应纳税所得额，按20%的税率缴纳企业所得税。

前款所称小型微利企业，是指从事国家非限制和禁止行业，并符合下列条件的企业：

（一）工业企业，年度应纳税所得额不超过50万元，从业人数不超过100人，资产总额不超过3000万元；

（二）其他企业，年度应纳税所得额不超过50万元，从业人数不超过80人，资产总额不超过1000万元。

二、本通知第一条所称从业人数，包括与企业建立劳动关系的职工人数和企业接受的劳务派遣用工人数。

所称从业人数和资产总额指标，应按企业全年的季度平均值确定。具体计算公式如下：

季度平均值 =（季初值+季末值）÷2

全年季度平均值 = 全年各季度平均值之和÷4

年度中间开业或者终止经营活动的，以其实际经营期作为一个纳税年度确定上述相关指标。

三、《财政部 国家税务总局关于小型微利企业所得税优惠政策的通知》（财税〔2015〕34号）和《财政部 国家税务总局关于进一步扩大小型微利企业所得税优惠政策范围的通知》（财税〔2015〕99号）自2017年1月1日起废止。

四、各级财政、税务部门要严格按照本通知的规定，积极做好小型微利企业所得税优惠政策的宣传辅导工作，确保优惠政策落实到位。

58-4 《国家税务总局关于贯彻落实扩大小型微利企业所得税优惠政策范围有关征管问题的公告》

2017年6月7日　国家税务总局公告2017年第23号

根据《中华人民共和国企业所得税法实施条例》(以下简称《企业所得税法实施条例》)、《财政部　税务总局关于扩大小型微利企业所得税优惠政策范围的通知》(财税〔2017〕43号)等规定,现就小型微利企业所得税优惠政策有关征管问题公告如下:

一、自2017年1月1日至2019年12月31日,符合条件的小型微利企业,无论采取查账征收方式还是核定征收方式,其年应纳税所得额低于50万元(含50万元,下同)的,均可以享受财税〔2017〕43号文件规定的其所得减按50%计入应纳税所得额,按20%的税率缴纳企业所得税的政策(以下简称"减半征税政策")。

前款所述符合条件的小型微利企业是指符合《企业所得税法实施条例》第九十二条或者财税〔2017〕43号文件规定条件的企业。

企业本年度第1季度预缴企业所得税时,如未完成上一纳税年度汇算清缴,无法判断上一纳税年度是否符合小型微利企业条件的,可暂按企业上一纳税年度第4季度的预缴申报情况判别。

二、符合条件的小型微利企业,在预缴和年度汇算清缴企业所得税时,通过填写纳税申报表的相关内容,即可享受减半征税政策,无需进行专项备案。

三、符合条件的小型微利企业,统一实行按季度预缴企业所得税。

四、本年度企业预缴企业所得税时,按照以下规定享受减半征税政策:

(一)查账征收企业。上一纳税年度为符合条件的小型微利企业,分别按照以下规定处理:

1. 按照实际利润额预缴的,预缴时累计实际利润不超过50万元的,可以享受减半征税政策;

2. 按照上一纳税年度应纳税所得额平均额预缴的,预缴时可以享受减半征税政策。

(二)定率征收企业。上一纳税年度为符合条件的小型微利企业,预缴时累计应纳税所得额不超过50万元的,可以享受减半征税政策。

(三)定额征收企业。根据减半征税政策规定需要调减定额的,由主管税务机关按照程序调整,依照原办法征收。

(四)上一纳税年度为不符合小型微利企业条件的企业,预计本年度符合条件的，预缴时累计实际利润或应纳税所得额不超过 50 万元的，可以享受减半征税政策。

（五）本年度新成立的企业，预计本年度符合小型微利企业条件的，预缴时累计实际利润或应纳税所得额不超过 50 万元的，可以享受减半征税政策。

五、企业预缴时享受了减半征税政策，年度汇算清缴时不符合小型微利企业条件的，应当按照规定补缴税款。

六、按照本公告规定小型微利企业 2017 年度第 1 季度预缴时应享受未享受减半征税政策而多预缴的企业所得税，在以后季度应预缴的企业所得税税款中抵减。

七、《国家税务总局关于发布〈中华人民共和国企业所得税月（季）度预缴纳税申报表（2015 年版）等报表〉的公告》（国家税务总局公告 2015 年第 31 号）附件 2《中华人民共和国企业所得税月（季）度和年度预缴纳税申报表（B 类，2015 年版）》填报说明第三条第（五）项中"核定定额征收纳税人，换算应纳税所得额大于 30 万的填'否'"修改为"核定定额征收纳税人，换算应纳税所得额大于 50 万元的填'否'"。

八、《国家税务总局关于贯彻落实进一步扩大小型微利企业减半征收企业所得税范围有关问题的公告》（国家税务总局公告 2015 年第 61 号）在 2016 年度企业所得税汇算清缴结束后废止。

特此公告。

59. 重点行业小型微利企业固定资产加速折旧

【享受主体】

生物药品制造业，专用设备制造业，铁路、船舶、航空航天和其他运输设备制造业，计算机、通信和其他电子设备制造业，仪器仪表制造业，信息传输、软件和信息技术服务业六大行业，轻工、纺织、机械、汽车等四大领域重点行业的小型微利企业。

【优惠内容】

1. 生物药品制造业，专用设备制造业，铁路、船舶、航空航天和其他运输设备制造业，计算机、通信和其他电子设备制造业，仪器仪表制造业，信息传输、软件和信息技术服务业等六个行业的小型微利企业 2014 年 1 月 1 日后新购进的研发和生产经营共用的仪器、设备，单位价值不超过 100 万元的，允许一次性计入当期成本费用在计算应纳税所得额时扣除，不再分年度计算折旧；单位价值超过 100 万元的，可缩短折旧年限或采取加速折旧的方法。

2. 轻工、纺织、机械、汽车等四个领域重点行业的小型微利企业 2015 年 1 月 1 日后新购进的研发和生产经营共用的仪器、设备，单位价值不超过 100 万元的，允许一次性计入当期成本费用在计算应纳税所得额时扣除，不再分年度计算折旧；单位价值超过 100 万元的，可由企业选择缩短折旧年限或采取加速折旧的方法。

3. 缩短折旧年限的，最低折旧年限不得低于企业所得税法实施条例第六十条规定折旧年限的 60%；采取加速折旧方法的，可采取双倍余额递减法或者年数总和法。

【享受条件】

小型微利企业为《财政部　税务总局关于扩大小型微利企业所得税优惠政策范围的通知》（财税〔2017〕43 号）规定的小型微利企业。

【政策依据】

（1）《中华人民共和国企业所得税法》（中华人民共和国主席令第六十四号）第三十二条

（2）《中华人民共和国企业所得税法实施条例》（中华人民共和国国务院令第 512 号）第九十八条

（3）《财政部　国家税务总局关于完善固定资产加速折旧企业所得税政策的通知》（财税〔2014〕75 号）第一条第二款

（4）《财政部　国家税务总局关于进一步完善固定资产加速折旧企业所得税政策的通知》（财税〔2015〕106 号）第二条

（5）《财政部　税务总局关于扩大小型微利企业所得税优惠政策范围的通知》（财税〔2017〕43 号）（略，见文件 58 - 3）

（6）《国家税务总局关于固定资产加速折旧税收政策有关问题的公告》（国家税务总局公告 2014 年第 64 号）

（7）《国家税务总局关于进一步完善固定资产加速折旧企业所得税政策有关问题的公告》（国家税务总局公告 2015 年第 68 号）

政策链接

59-1 《中华人民共和国企业所得税法》第三十二条
   2017年2月24日 中华人民共和国主席令第六十四号

   第三十二条 企业的固定资产由于技术进步等原因，确需加速折旧的，可以缩短折旧年限或者采取加速折旧的方法。

59-2 《中华人民共和国企业所得税法实施条例》第九十八条
   2007年12月6日 中华人民共和国国务院令第512号

   第九十八条 企业所得税法第三十二条所称可以采取缩短折旧年限或者采取加速折旧的方法的固定资产，包括：
   （一）由于技术进步，产品更新换代较快的固定资产；
   （二）常年处于强震动、高腐蚀状态的固定资产。
   采取缩短折旧年限方法的，最低折旧年限不得低于本条例第六十条规定折旧年限的60%；采取加速折旧方法的，可以采取双倍余额递减法或者年数总和法。

59-3 《财政部 国家税务总局关于完善固定资产加速折旧企业所得税政策的通知》第一条第二款
   2014年10月20日 财税〔2014〕75号

   对上述6个行业的小型微利企业2014年1月1日后新购进的研发和生产经营共用的仪器、设备，单位价值不超过100万元的，允许一次性计入当期成本费用在计算应纳税所得额时扣除，不再分年度计算折旧；单位价值超过100万元的，可缩短折旧年限或采取加速折旧的方法。

59-4 《财政部 国家税务总局关于进一步完善固定资产加速折旧企业所得税政策的通知》第二条
   2015年9月17日 财税〔2015〕106号

   二、对上述行业的小型微利企业2015年1月1日后新购进的研发和生产经营共用的仪器、设备，单位价值不超过100万元的，允许一次性计入当期成本费用在计算应纳税所得额时扣除，不再分年度计算折旧；单位价值超过100

万元的,可由企业选择缩短折旧年限或采取加速折旧的方法。

59-5 《国家税务总局关于固定资产加速折旧税收政策有关问题的公告》

2014年11月14日　国家税务总局公告2014年第64号

为落实国务院完善固定资产加速折旧政策,促进企业技术改造,支持创业创新,根据《中华人民共和国企业所得税法》(以下简称企业所得税法)及其实施条例、《财政部　国家税务总局关于完善固定资产加速折旧企业所得税政策的通知》(财税〔2014〕75号)规定,现就落实完善固定资产加速折旧企业所得税政策有关问题公告如下:

一、对生物药品制造业,专用设备制造业,铁路、船舶、航空航天和其他运输设备制造业,计算机、通信和其他电子设备制造业,仪器仪表制造业,信息传输、软件和信息技术服务业等行业企业(以下简称六大行业),2014年1月1日后购进的固定资产(包括自行建造),允许按不低于企业所得税法规定折旧年限的60%缩短折旧年限,或选择采取双倍余额递减法或年数总和法进行加速折旧。

六大行业按照国家统计局《国民经济行业分类与代码(GB/4754—2011)》确定。今后国家有关部门更新国民经济行业分类与代码,从其规定。

六大行业企业是指以上述行业业务为主营业务,其固定资产投入使用当年主营业务收入占企业收入总额50%(不含)以上的企业。所称收入总额,是指企业所得税法第六条规定的收入总额。

二、企业在2014年1月1日后购进并专门用于研发活动的仪器、设备,单位价值不超过100万元的,可以一次性在计算应纳税所得额时扣除;单位价值超过100万元的,允许按不低于企业所得税法规定折旧年限的60%缩短折旧年限,或选择采取双倍余额递减法或年数总和法进行加速折旧。

用于研发活动的仪器、设备范围口径,按照《国家税务总局关于印发〈企业研究开发费用税前扣除管理办法(试行)〉的通知》(国税发〔2008〕116号)或《科学技术部　财政部　国家税务总局关于印发(高新技术企业认定管理工作指引)的通知》(国科发火〔2008〕362号)规定执行。

企业专门用于研发活动的仪器、设备已享受上述优惠政策的,在享受研发费加计扣除时,按照《国家税务总局关于印发〈企业研发费用税前扣除管理办法(试行)〉的通知》(国税发〔2008〕116号)、《财政部　国家税务总局关于研究开发费用税前加计扣除有关政策问题的通知》(财税〔2013〕70号)

的规定,就已经进行会计处理的折旧、费用等金额进行加计扣除。

六大行业中的小型微利企业研发和生产经营共用的仪器、设备,可以执行本条第一、二款的规定。所称小型微利企业,是指企业所得税法第二十八条规定的小型微利企业。

三、企业持有的固定资产,单位价值不超过5000元的,可以一次性在计算应纳税所得额时扣除。企业在2013年12月31日前持有的单位价值不超过5000元的固定资产,其折余价值部分,2014年1月1日以后可以一次性在计算应纳税所得额时扣除。

四、企业采取缩短折旧年限方法的,对其购置的新固定资产,最低折旧年限不得低于企业所得税法实施条例第六十条规定的折旧年限的60%;企业购置已使用过的固定资产,其最低折旧年限不得低于实施条例规定的最低折旧年限减去已使用年限后剩余年限的60%。最低折旧年限一经确定,一般不得变更。

五、企业的固定资产采取加速折旧方法的,可以采用双倍余额递减法或者年数总和法。加速折旧方法一经确定,一般不得变更。

所称双倍余额递减法或者年数总和法,按照《国家税务总局关于企业固定资产加速折旧所得税处理有关问题的通知》(国税发〔2009〕81号)第四条的规定执行。

六、企业的固定资产既符合本公告优惠政策条件,同时又符合《国家税务总局关于企业固定资产加速折旧所得税处理有关问题的通知》(国税发〔2009〕81号)、《财政部 国家税务总局关于进一步鼓励软件产业和集成电路产业发展企业所得税政策的通知》(财税〔2012〕27号)中相关加速折旧政策条件的,可由企业选择其中最优惠的政策执行,且一经选择,不得改变。

七、企业固定资产采取一次性税前扣除、缩短折旧年限或加速折旧方法的,预缴申报时,须同时报送《固定资产加速折旧(扣除)预缴情况统计表》(见附件1),年度申报时,实行事后备案管理,并按要求报送相关资料。①

企业应将购进固定资产的发票、记账凭证等有关凭证、凭据(购入已使用过的固定资产,应提供已使用年限的相关说明)等资料留存备查,并应建立台账,准确核算税法与会计差异情况。

主管税务机关应对适用本公告规定优惠政策的企业加强后续管理,对预缴申报时享受了优惠政策的企业,年终汇算清缴时应对企业全年主营业务收入占

---

① 条款废止。第七条第一款废止。参见:《国家税务总局关于公布全文失效废止和部分条款废止的税收规范性文件目录的公告》,国家税务总局公告2016年第34号。

企业收入总额的比例进行重点审核。

八、本公告适用于 2014 年及以后纳税年度。

特此公告。

附件：1. 固定资产加速折旧（扣除）预缴情况统计表（编者略）①
2. 《固定资产加速折旧（扣除）预缴情况统计表》填报说明（编者略）②

59-6 《国家税务总局关于进一步完善固定资产加速折旧企业所得税政策有关问题的公告》

2015 年 9 月 25 日　国家税务总局公告 2015 年第 68 号

为落实国务院扩大固定资产加速折旧优惠范围的决定，根据《中华人民共和国企业所得税法》（以下简称企业所得税法）及其实施条例（以下简称实施条例）、《财政部　国家税务总局关于进一步完善固定资产加速折旧企业所得税政策的通知》（财税〔2015〕106 号）规定，现就进一步完善固定资产加速折旧企业所得税政策有关问题公告如下：

一、对轻工、纺织、机械、汽车等四个领域重点行业（以下简称四个领域重点行业）企业 2015 年 1 月 1 日后新购进的固定资产（包括自行建造，下同），允许缩短折旧年限或采取加速折旧方法。

四个领域重点行业按照财税〔2015〕106 号附件"轻工、纺织、机械、汽车四个领域重点行业范围"确定。今后国家有关部门更新国民经济行业分类与代码，从其规定。

四个领域重点行业企业是指以上述行业业务为主营业务，其固定资产投入使用当年的主营业务收入占企业收入总额 50%（不含）以上的企业。所称收入总额，是指企业所得税法第六条规定的收入总额。

二、对四个领域重点行业小型微利企业 2015 年 1 月 1 日后新购进的研发和生产经营共用的仪器、设备，单位价值不超过 100 万元（含）的，允许在计算应纳税所得额时一次性全额扣除；单位价值超过 100 万元的，允许缩短折旧年限或采取加速折旧方法。

用于研发活动的仪器、设备范围口径，按照《国家税务总局关于印发〈企业研究开发费用税前扣除管理办法（试行）〉的通知》（国税发〔2008〕

---

①② 条款废止。附件《固定资产加速折旧预缴情况统计表》及其填报说明废止。自 2015 年 7 月 1 日起废止。参见：《国家税务总局关于发布〈中华人民共和国企业所得税月（季）度预缴纳税申报表（2015 年版）等报表〉的公告》，国家税务总局公告 2015 年第 31 号。

116号)或《科学技术部 财政部 国家税务总局关于印发〈高新技术企业认定管理工作指引〉的通知》(国科发火〔2008〕362号)规定执行。

小型微利企业,是指企业所得税法第二十八条规定的小型微利企业。

三、企业按本公告第一条、第二条规定缩短折旧年限的,对其购置的新固定资产,最低折旧年限不得低于实施条例第六十条规定的折旧年限的60%;对其购置的已使用过的固定资产,最低折旧年限不得低于实施条例规定的最低折旧年限减去已使用年限后剩余年限的60%。最低折旧年限一经确定,不得改变。

四、企业按本公告第一条、第二条规定采取加速折旧方法的,可以采用双倍余额递减法或者年数总和法。加速折旧方法一经确定,不得改变。

双倍余额递减法或者年数总和法,按照《国家税务总局关于固定资产加速折旧所得税处理有关问题的通知》(国税发〔2009〕81号)第四条的规定执行。

五、企业的固定资产既符合本公告优惠政策条件,又符合《国家税务总局关于企业固定资产加速折旧所得税处理有关问题的通知》(国税发〔2009〕81号)、《财政部 国家税务总局关于进一步鼓励软件产业和集成电路产业发展企业所得税政策的通知》(财税〔2012〕27号)中有关加速折旧优惠政策条件,可由企业选择其中一项加速折旧优惠政策执行,且一经选择,不得改变。

六、企业应将购进固定资产的发票、记账凭证等有关资料留存备查,并建立台账,准确反映税法与会计差异情况。

七、本公告适用于2015年及以后纳税年度。企业2015年前3季度按本公告规定未能享受加速折旧优惠的,可将前3季度应享受的加速折旧部分,在2015年第4季度企业所得税预缴申报时享受,或者在2015年度企业所得税汇算清缴时统一享受。

特此公告。

60. 企业免征政府性基金

【享受主体】

符合条件的缴纳义务人。

【优惠内容】

免征教育费附加、地方教育附加、水利建设基金。

【享受条件】

按月纳税的月销售额或营业额不超过 10 万元,以及按季度纳税的季度销售额或营业额不超过 30 万元的缴纳义务人免征教育费附加、地方教育附加、水利建设基金。

【政策依据】

(1)《财政部 国家税务总局关于对小微企业免征有关政府性基金的通知》(财税〔2014〕122 号)第一条

(2)《财政部 国家税务总局关于扩大有关政府性基金免征范围的通知》(财税〔2016〕12 号)

政策链接

60-1 《财政部 国家税务总局关于对小微企业免征有关政府性基金的通知》第一条

2014 年 12 月 23 日 财税〔2014〕122 号

一、自 2015 年 1 月 1 日起至 2017 年 12 月 31 日,对按月纳税的月销售额或营业额不超过 3 万元(含 3 万元),以及按季纳税的季度销售额或营业额不超过 9 万元(含 9 万元)的缴纳义务人,免征教育费附加、地方教育附加、水利建设基金、文化事业建设费。

60-2 《财政部 国家税务总局关于扩大有关政府性基金免征范围的通知》

2016 年 1 月 29 日 财税〔2016〕12 号

教育部、水利部,各省、自治区、直辖市、计划单列市财政厅(局)、国家税务总局、地方税务局、新疆生产建设兵团财务局:

经国务院批准,现将扩大政府性基金免征范围的有关政策通知如下:

一、将免征教育费附加、地方教育附加、水利建设基金的范围,由现行按月纳税的月销售额或营业额不超过 3 万元(按季度纳税的季度销售额或营业额不超过 9 万元)的缴纳义务人,扩大到按月纳税的月销售额或营业额不超过 10 万元(按季度纳税的季度销售额或营业额不超过 30 万元)的缴纳义务人。

二、免征上述政府性基金后,各级财政部门要做好经费保障工作,妥善安排相关部门和单位预算,保障工作正常开展,积极支持相关事业发展。

三、本通知自 2016 年 2 月 1 日起执行。

(二)重点群体创业就业税收优惠

61. 重点群体创业税收扣减

【享受主体】

1. 在人力资源社会保障部门公共就业服务机构登记失业半年以上的人员。
2. 零就业家庭、享受城市居民最低生活保障家庭劳动年龄内的登记失业人员。
3. 毕业年度内高校毕业生。

【优惠内容】

2017 年 1 月 1 日至 2019 年 12 月 31 日,从事个体经营的,在 3 年内按每户每年 8000 元为限额依次扣减其当年实际应缴纳的增值税、城市维护建设税、教育费附加、地方教育附加和个人所得税。限额标准最高可上浮 20%。在 2019 年 12 月 31 日未享受满 3 年的,可继续享受至 3 年期满为止。

【享受条件】

1. 从事个体经营。
2. 持《就业创业证》(注明"自主创业税收政策"或"毕业年度内自主创业税收政策")或《就业失业登记证》(注明"自主创业税收政策"或附着《高校毕业生自主创业证》)。

【政策依据】

(1)《财政部 税务总局 人力资源社会保障部关于继续实施支持和促进重点群体创业就业有关税收政策的通知》(财税〔2017〕49 号)第一条

(2)《国家税务总局 财政部 人力资源社会保障部 教育部 民政部关于继续实施支持和促进重点群体创业就业有关税收政策具体操作问题的公告》(国家税务总局 财政部 人力资源社会保障部 教育部 民政部公告 2017 年第 27 号)第一条

政策链接

61-1 《财政部 税务总局 人力资源社会保障部关于继续实施支持和促进重点群体创业就业有关税收政策的通知》第一条
2017年6月12日 财税〔2017〕49号

一、对持《就业创业证》(注明"自主创业税收政策"或"毕业年度内自主创业税收政策")或《就业失业登记证》(注明"自主创业税收政策"或附着《高校毕业生自主创业证》)的人员从事个体经营的,在3年内按每户每年8000元为限额依次扣减其当年实际应缴纳的增值税、城市维护建设税、教育费附加、地方教育附加和个人所得税。限额标准最高可上浮20%,各省、自治区、直辖市人民政府可根据本地区实际情况在此幅度内确定具体限额标准,并报财政部和税务总局备案。

纳税人年度应缴纳税款小于上述扣减限额的,以其实际缴纳的税款为限;大于上述扣减限额的,以上述扣减限额为限。

上述人员是指:1. 在人力资源社会保障部门公共就业服务机构登记失业半年以上的人员;2. 零就业家庭、享受城市居民最低生活保障家庭劳动年龄内的登记失业人员;3. 毕业年度内高校毕业生。高校毕业生是指实施高等学历教育的普通高等学校、成人高等学校应届毕业的学生;毕业年度是指毕业所在自然年,即1月1日至12月31日。

61-2 《国家税务总局 财政部 人力资源社会保障部 教育部 民政部关于继续实施支持和促进重点群体创业就业有关税收政策具体操作问题的公告》第一条
2017年6月29日 国家税务总局 财政部 人力资源社会保障部 教育部 民政部公告2017年第27号

一、个体经营税收政策
(一)申请

1. 在人力资源社会保障部门公共就业服务机构登记失业半年以上的人员、零就业家庭或享受城市居民最低生活保障家庭劳动年龄内的登记失业人员,可持《就业创业证》(或《就业失业登记证》,下同)、个体工商户登记执照(未完成"两证整合"的还须持《税务登记证》)向创业地县以上(含县级,下同)人力资源社会保障部门提出申请。县以上人力资源社会保障部门应当按照财税〔2017〕49号文件的规定,核实创业人员是否享受过税收扶持政策。对符合条件人员在《就业创业证》上注明"自主创业税收政策"。

2. 毕业年度高校毕业生在校期间从事个体经营享受税收优惠政策的,凭学生证到公共就业服务机构申领《就业创业证》,或委托所在高校就业指导中心向公共就业服务机构代为其申领《就业创业证》。公共就业服务机构在《就业创业证》上注明"毕业年度内自主创业税收政策"。

3. 毕业年度高校毕业生离校后从事个体经营享受税收优惠政策的,可凭毕业证直接向公共就业服务机构申领《就业创业证》。公共就业服务机构在《就业创业证》上注明"毕业年度内自主创业税收政策"。

(二) 税款减免顺序及额度

符合条件人员从事个体经营的,按照财税〔2017〕49号文件第一条的规定,在年度减免税限额内,依次扣减增值税、城市维护建设税、教育费附加、地方教育附加和个人所得税。纳税人的实际经营期不足一年的,应当以实际月份换算其减免税限额。换算公式为:减免税限额=年度减免税限额÷12×实际经营月数。

纳税人实际应缴纳的增值税、城市维护建设税、教育费附加、地方教育附加和个人所得税小于减免税限额的,以实际应缴纳的增值税、城市维护建设税、教育费附加、地方教育附加和个人所得税税额为限;实际应缴纳的增值税、城市维护建设税、教育费附加、地方教育附加和个人所得税大于减免税限额的,以减免税限额为限。

上述城市维护建设税、教育费附加、地方教育附加的计税依据是享受本项税收优惠政策前的增值税应纳税额。

(三) 税收减免备案

纳税人在享受本项税收优惠纳税申报时,持《就业创业证》(注明"自主创业税收政策"或"毕业年度内自主创业税收政策")或《就业失业登记证》(注明"自主创业税收政策"或附着《高校毕业生自主创业证》),向其主管税务机关备案。

62. 吸纳重点群体就业税收扣减

【享受主体】

商贸企业、服务型企业、劳动就业服务企业中的加工型企业和街道社区具有加工性质的小型企业实体。

【优惠内容】

2017年1月1日至2019年12月31日，在3年内按实际招用人数予以定额依次扣减增值税、城市维护建设税、教育费附加、地方教育附加和企业所得税优惠。定额标准为每人每年4000元，最高可上浮30%。在2019年12月31日未享受满3年的，可继续享受至3年期满为止。

【享受条件】

1. 在新增加的岗位中，当年新招用在人力资源社会保障部门公共就业服务机构登记失业半年以上且持《就业创业证》或《就业失业登记证》（注明"企业吸纳税收政策"）人员，与其签订1年以上期限劳动合同并依法缴纳社会保险费的企业。

2. 服务型企业，是指从事《销售服务、无形资产、不动产注释》（《财政部　国家税务总局关于全面推开营业税改征增值税试点的通知》——财税〔2016〕36号附件）中"不动产租赁服务""商务辅助服务"（不含货物运输代理和代理报关服务）、"生活服务"（不含文化体育服务）范围内业务活动的企业以及按照《民办非企业单位登记管理暂行条例》（国务院令第251号）登记成立的民办非企业单位。

【政策依据】

（1）《财政部　税务总局　人力资源社会保障部关于继续实施支持和促进重点群体创业就业有关税收政策的通知》（财税〔2017〕49号）第二条

（2）《国家税务总局　财政部　人力资源社会保障部　教育部　民政部关于继续实施支持和促进重点群体创业就业有关税收政策具体操作问题的公告》（国家税务总局　财政部　人力资源社会保障部　教育部　民政部公告2017年第27号）第二条

政策链接

62-1 《财政部　税务总局　人力资源社会保障部关于继续实施支持和促进重点群体创业就业有关税收政策的通知》第二条
　　　2017年6月12日　财税〔2017〕49号

　　二、对商贸企业、服务型企业、劳动就业服务企业中的加工型企业和街道社区具有加工性质的小型企业实体，在新增加的岗位中，当年新招用在人力资源社会保障部门公共就业服务机构登记失业半年以上且持《就业创业证》或《就业失业登记证》（注明"企业吸纳税收政策"）人员，与其签订1年以上期限劳动合同并依法缴纳社会保险费的，在3年内按实际招用人数予以定额依次扣减增值税、城市维护建设税、教育费附加、地方教育附加和企业所得税优惠。定额标准为每人每年4000元，最高可上浮30%，各省、自治区、直辖市人民政府可根据本地区实际情况在此幅度内确定具体定额标准，并报财政部和税务总局备案。

按上述标准计算的税收扣减额应在企业当年实际应缴纳的增值税、城市维护建设税、教育费附加、地方教育附加和企业所得税税额中扣减，当年扣减不完的，不得结转下年使用。

本条所称服务型企业，是指从事《销售服务、无形资产、不动产注释》（《财政部 国家税务总局关于全面推开营业税改征增值税试点的通知》——财税〔2016〕36号附件）中"不动产租赁服务""商务辅助服务"（不含货物运输代理和代理报关服务）、"生活服务"（不含文化体育服务）范围内业务活动的企业以及按照《民办非企业单位登记管理暂行条例》（国务院令第251号）登记成立的民办非企业单位。

62-2 《国家税务总局 财政部 人力资源社会保障部 教育部 民政部关于继续实施支持和促进重点群体创业就业有关税收政策具体操作问题的公告》第二条

2017年6月29日 国家税务总局 财政部 人力资源社会保障部 教育部 民政部公告2017年第27号

二、企业、民办非企业单位吸纳失业人员税收政策

（一）申请

符合条件的企业、民办非企业单位持下列材料向县以上人力资源社会保障部门递交申请：

1. 新招用人员持有的《就业创业证》。

2. 企业、民办非企业单位与新招用持《就业创业证》人员签订的劳动合同（副本），企业、民办非企业单位为职工缴纳的社会保险费记录。可通过内部信息共享、数据比对等方式审核的地方，可不再要求企业提供缴纳社会保险费记录。

3. 《持〈就业创业证〉人员本年度实际工作时间表》（见附件）。

其中，劳动就业服务企业要提交《劳动就业服务企业证书》，民办非企业

单位提交《民办非企业单位登记证书》。

县以上人力资源社会保障部门接到企业、民办非企业单位报送的材料后，应当按照财税〔2017〕49号文件的规定，重点核实以下情况：

1. 新招用人员是否属于享受税收优惠政策人员范围，以前是否已享受过税收优惠政策；

2. 企业、民办非企业单位是否与新招用人员签订了1年以上期限劳动合同，为新招用人员缴纳社会保险费的记录；

3. 企业、民办非企业单位的经营范围是否符合税收政策规定。

核实后，对符合条件的人员，在《就业创业证》上注明"企业吸纳税收政策"，对符合条件的企业、民办非企业单位核发《企业实体吸纳失业人员认定证明》。

(二) 税款减免顺序及额度

1. 纳税人按本单位吸纳人数和签订的劳动合同时间核定本单位减免税总额，在减免税总额内每月依次扣减增值税、城市维护建设税、教育费附加和地方教育附加。纳税人实际应缴纳的增值税、城市维护建设税、教育费附加和地方教育附加小于核定减免税总额的，以实际应缴纳的增值税、城市维护建设税、教育费附加、地方教育附加为限；实际应缴纳的增值税、城市维护建设税、教育费附加和地方教育附加大于核定减免税总额的，以核定减免税总额为限。

纳税年度终了，如果纳税人实际减免的增值税、城市维护建设税、教育费附加和地方教育附加小于核定的减免税总额，纳税人在企业所得税汇算清缴时，以差额部分扣减企业所得税。当年扣减不完的，不再结转以后年度扣减。

减免税总额 = Σ 每名失业人员本年度在本企业工作月份 ÷ 12 × 定额

企业、民办非企业单位自吸纳失业人员的次月起享受税收优惠政策。

上述城市维护建设税、教育费附加、地方教育附加的计税依据是享受本项税收优惠政策前的增值税应纳税额。

2. 第二年及以后年度当年新招用人员、原招用人员及其工作时间按上述程序和办法执行。计算每名失业人员享受税收优惠政策的期限最长不超过3年。

(三) 税收减免备案

1. 经县以上人力资源社会保障部门核实后，纳税人依法享受税收优惠政策。纳税人持县以上人力资源社会保障部门核发的《企业实体吸纳失业人员认定证明》《持〈就业创业证〉人员本年度实际工作时间表》，在享受本项税收优惠纳税申报时向主管税务机关备案。

2. 企业、民办非企业单位纳税年度终了前招用失业人员发生变化的，应当在人员变化次月按照前项规定重新备案。

63. 残疾人创业免征增值税

【享受主体】

残疾人个人。

【优惠内容】

残疾人个人提供的加工、修理修配劳务，为社会提供的应税服务，免征增值税。

【享受条件】

残疾人，是指在法定劳动年龄内，持有《中华人民共和国残疾人证》或者《中华人民共和国残疾军人证（1至8级）》的自然人，包括具有劳动条件和劳动意愿的精神残疾人。

【政策依据】

（1）《财政部 国家税务总局关于全面推开营业税改征增值税试点的通知》（财税〔2016〕36号）附件3《营业税改征增值税试点过渡政策的规定》第一条第（六）项

（2）《财政部 国家税务总局关于促进残疾人就业增值税优惠政策的通知》（财税〔2016〕52号）第八条

（3）《国家税务总局关于发布〈促进残疾人就业增值税优惠政策管理办法〉的公告》（国家税务总局公告2016年第33号）

政策链接

63-1 《财政部 国家税务总局关于全面推开营业税改征增值税试点的通知》附件3《营业税改征增值税试点过渡政策的规定》第一条第（六）项

2016年3月23日 财税〔2016〕36号

一、下列项目免征增值税

……

（六）残疾人员本人为社会提供的服务。

63-2 《财政部　国家税务总局关于促进残疾人就业增值税优惠政策的通知》第八条
2016年5月5日　财税〔2016〕52号

八、残疾人个人提供的加工、修理修配劳务，免征增值税。

63-3 《国家税务总局关于发布〈促进残疾人就业增值税优惠政策管理办法〉的公告》
2016年5月27日　国家税务总局公告2016年第33号

为规范和完善促进残疾人就业增值税优惠政策管理，国家税务总局制定了《促进残疾人就业增值税优惠政策管理办法》，现予以公布，自2016年5月1日起施行。

特此公告。

附件：安置残疾人纳税人申请增值税退税声明（编者略）

促进残疾人就业增值税优惠政策管理办法

第一条　为加强促进残疾人就业增值税优惠政策管理，根据《财政部　国家税务总局关于促进残疾人就业增值税优惠政策的通知》（财税〔2016〕52号）、《国家税务总局关于发布〈税收减免管理办法〉的公告》（国家税务总局公告2015年第43号）及有关规定，制定本办法。

第二条　纳税人享受安置残疾人增值税即征即退优惠政策，适用本办法规定。

本办法所指纳税人，是指安置残疾人的单位和个体工商户。

第三条　纳税人首次申请享受税收优惠政策，应向主管税务机关提供以下备案资料：

（一）《税务资格备案表》。

（二）安置的残疾人的《中华人民共和国残疾人证》或者《中华人民共和国残疾军人证（1至8级）》复印件，注明与原件一致，并逐页加盖公章。安置精神残疾人的，提供精神残疾人同意就业的书面声明以及其法定监护人签字或印章的证明精神残疾人具有劳动条件和劳动意愿的书面材料。

（三）安置的残疾人的身份证明复印件，注明与原件一致，并逐页加盖公章。

第四条 主管税务机关受理备案后,应将全部《中华人民共和国残疾人证》或者《中华人民共和国残疾军人证(1至8级)》信息以及所安置残疾人的身份证明信息录入征管系统。

第五条 纳税人提供的备案资料发生变化的,应于发生变化之日起15日内就变化情况向主管税务机关办理备案。

第六条 纳税人申请退还增值税时,需报送如下资料:

(一)《退(抵)税申请审批表》。

(二)《安置残疾人纳税人申请增值税退税声明》(见附件)。

(三)当期为残疾人缴纳社会保险费凭证的复印件及由纳税人加盖公章确认的注明缴纳人员、缴纳金额、缴纳期间的明细表。

(四)当期由银行等金融机构或纳税人加盖公章的按月为残疾人支付工资的清单。

特殊教育学校举办的企业,申请退还增值税时,不提供资料(三)和资料(四)。

第七条 纳税人申请享受税收优惠政策,应对报送资料的真实性和合法性承担法律责任。主管税务机关对纳税人提供资料的完整性和增值税退税额计算的准确性进行审核。

第八条 主管税务机关受理退税申请后,查询纳税人的纳税信用等级,对符合信用条件的,审核计算应退增值税额,并按规定办理退税。

第九条 纳税人本期应退增值税额按以下公式计算:

本期应退增值税额=本期所含月份每月应退增值税额之和

月应退增值税额=纳税人本月安置残疾人员人数×本月月最低工资标准的4倍

月最低工资标准,是指纳税人所在区县(含县级市、旗)适用的经省(含自治区、直辖市、计划单列市)人民政府批准的月最低工资标准。

纳税人本期已缴增值税额小于本期应退税额不足退还的,可在本年度内以前纳税期已缴增值税额扣除已退增值税额的余额中退还,仍不足退还的可结转本年度内以后纳税期退还。年度已缴增值税额小于或等于年度应退税额的,退税额为年度已缴增值税额;年度已缴增值税额大于年度应退税额的,退税额为年度应退税额。年度已缴增值税额不足退还的,不得结转以后年度退还。

第十条 纳税人新安置的残疾人从签订劳动合同并缴纳社会保险的次月起计算,其他职工从录用的次月起计算;安置的残疾人和其他职工减少的,从减少当月计算。

第十一条　主管税务机关应于每年2月底之前，在其网站或办税服务厅，将本地区上一年度享受安置残疾人增值税优惠政策的纳税人信息，按下列项目予以公示：纳税人名称、纳税人识别号、法人代表、计算退税的残疾人职工人次等。

第十二条　享受促进残疾人就业增值税优惠政策的纳税人，对能证明或印证符合政策规定条件的相关材料负有留存备查义务。纳税人在税务机关后续管理中不能提供相关材料的，不得继续享受优惠政策。税务机关应追缴其相应纳税期内已享受的增值税退税，并依照税收征管法及其实施细则的有关规定处理。

第十三条　各地税务机关要加强税收优惠政策落实情况的后续管理，对纳税人进行定期或不定期检查。检查发现纳税人不符合财税〔2016〕52号文件规定的，按有关规定予以处理。

第十四条　本办法实施前已办理税收优惠资格备案的纳税人，主管税务机关应检查其已备案资料是否满足本办法第三条规定，残疾人信息是否已按第四条规定录入信息系统，如有缺失，应要求纳税人补充报送备案资料，补录信息。

第十五条　各省、自治区、直辖市和计划单列市国家税务局，应定期或不定期在征管系统中对残疾人信息进行比对，发现异常的，按相关规定处理。

第十六条　本办法自2016年5月1日起施行。

64. 安置残疾人就业的单位和个体户增值税即征即退

【享受主体】

安置残疾人的单位和个体工商户。

【优惠内容】

对安置残疾人的单位和个体工商户（以下称纳税人），实行由税务机关按纳税人安置残疾人的人数，限额即征即退增值税。每月可退还的增值税具体限额，由县级以上税务机关根据纳税人所在区县（含县级市、旗）适用的经省（含自治区、直辖市、计划单列市）人民政府批准的月最低工资标准的4倍确定。

一个纳税期已交增值税额不足退还的，可在本纳税年度内以前纳税期已交增值税扣除已退增值税的余额中退还，仍不足退还的可结转本纳税年度内以后纳税期退还，但不得结转以后年度退还。纳税期限不为按月的，只能对其符合条件的月份退还增值税。

【享受条件】

1. 纳税人（除盲人按摩机构外）月安置的残疾人占在职职工人数的比例不低于25%（含25%），并且安置的残疾人人数不少于10人（含10人）；盲人按摩机构月安置的残疾人占在职职工人数的比例不低于25%（含25%），并且安置的残疾人人数不少于5人（含5人）。

2. 依法与安置的每位残疾人签订了一年以上（含一年）的劳动合同或服务协议。

3. 为安置的每位残疾人按月足额缴纳了基本养老保险、基本医疗保险、失业保险、工伤保险和生育保险等社会保险。

4. 通过银行等金融机构向安置的每位残疾人，按月支付了不低于纳税人所在区县适用的经省人民政府批准的月最低工资标准的工资。

5. 纳税人纳税信用等级为税务机关评定的C级或D级的，不得享受此项税收优惠政策。

6. 如果既适用促进残疾人就业增值税优惠政策，又适用重点群体、退役士兵、随军家属、军转干部等支持就业的增值税优惠政策的，纳税人可自行选择适用的优惠政策，但不能累加执行。一经选定，36个月内不得变更。

7. 此项税收优惠政策仅适用于生产销售货物，提供加工、修理修配劳务，以及提供营改增现代服务和生活服务税目（不含文化体育服务和娱乐服务）范围的服务取得的收入之和，占其增值税收入的比例达到50%的纳税人，但不适用于上述纳税人直接销售外购货物（包括商品批发和零售）以及销售委托加工的货物取得的收入。

【政策依据】

（1）《财政部 国家税务总局关于促进残疾人就业增值税优惠政策的通知》（财税〔2016〕52号）

（2）《国家税务总局关于发布〈促进残疾人就业增值税优惠政策管理办法〉的公告》（国家税务总局公告2016年第33号）（略，见文件63-3）

政策链接

64-1 《财政部 国家税务总局关于促进残疾人就业增值税优惠政策的通知》

2016年5月5日 财税〔2016〕52号

各省、自治区、直辖市、计划单列市财政厅（局）、国家税务局，新疆生产建设兵团财务局：

为继续发挥税收政策促进残疾人就业的作用，进一步保障残疾人权益，经国务院批准，决定对促进残疾人就业的增值税政策进行调整完善。现将有关政策通知如下：

一、对安置残疾人的单位和个体工商户（以下称纳税人），实行由税务机关按纳税人安置残疾人的人数，限额即征即退增值税的办法。

安置的每位残疾人每月可退还的增值税具体限额，由县级以上税务机关根据纳税人所在区县（含县级市、旗，下同）适用的经省（含自治区、直辖市、计划单列市，下同）人民政府批准的月最低工资标准的4倍确定。

二、享受税收优惠政策的条件

（一）纳税人（除盲人按摩机构外）月安置的残疾人占在职职工人数的比例不低于25%（含25%），并且安置的残疾人人数不少于10人（含10人）；

盲人按摩机构月安置的残疾人占在职职工人数的比例不低于25%（含25%），并且安置的残疾人人数不少于5人（含5人）。

（二）依法与安置的每位残疾人签订了一年以上（含一年）的劳动合同或服务协议。

（三）为安置的每位残疾人按月足额缴纳了基本养老保险、基本医疗保险、失业保险、工伤保险和生育保险等社会保险。

（四）通过银行等金融机构向安置的每位残疾人，按月支付了不低于纳税人所在区县适用的经省人民政府批准的月最低工资标准的工资。

三、《财政部 国家税务总局关于教育税收政策的通知》（财税〔2004〕39号）第一条第7项规定的特殊教育学校举办的企业，只要符合本通知第二条第（一）项第一款规定的条件，即可享受本通知第一条规定的增值税优惠政策。这类企业在计算残疾人人数时可将在企业上岗工作的特殊教育学校的全日制在校学生计算在内，在计算企业在职职工人数时也要将上述学生计算在内。

四、纳税人中纳税信用等级为税务机关评定的C级或D级的，不得享受本通知第一条、第三条规定的政策。

五、纳税人按照纳税期限向主管国税机关申请退还增值税。本纳税期已交增值税额不足退还的，可在本纳税年度内以前纳税期已交增值税扣除已退增值税的余额中退还，仍不足退还的可结转本纳税年度内以后纳税期退还，但不得结转以后年度退还。纳税期限不为按月的，只能对其符合条件的月份退还增值税。

六、本通知第一条规定的增值税优惠政策仅适用于生产销售货物，提供加工、修理修配劳务，以及提供营改增现代服务和生活服务税目（不含文化体育服务和娱乐服务）范围的服务取得的收入之和，占其增值税收入的比例达到50%的纳税人，但不适用于上述纳税人直接销售外购货物（包括商品批发和零售）以及销售委托加工的货物取得的收入。

纳税人应当分别核算上述享受税收优惠政策和不得享受税收优惠政策业务的销售额，不能分别核算的，不得享受本通知规定的优惠政策。

七、如果既适用促进残疾人就业增值税优惠政策，又适用重点群体、退役士兵、随军家属、军转干部等支持就业的增值税优惠政策的，纳税人可自行选择适用的优惠政策，但不能累加执行。一经选定，36个月内不得变更。

八、残疾人个人提供的加工、修理修配劳务，免征增值税。

九、税务机关发现已享受本通知增值税优惠政策的纳税人，存在不符合本通知第二条、第三条规定条件，或者采用伪造或重复使用残疾人证、残疾军人证等手段骗取本通知规定的增值税优惠的，应将纳税人发生上述违法违规行为的纳税期内按本通知已享受到的退税全额追缴入库，并自发现当月起36个月内停止其享受本通知规定的各项税收优惠。

十、本通知有关定义

（一）残疾人，是指法定劳动年龄内，持有《中华人民共和国残疾人证》或者《中华人民共和国残疾军人证（1至8级）》的自然人，包括具有劳动条件和劳动意愿的精神残疾人。

（二）残疾人个人，是指自然人。

（三）在职职工人数，是指与纳税人建立劳动关系并依法签订劳动合同或者服务协议的雇员人数。

（四）特殊教育学校举办的企业，是指特殊教育学校主要为在校学生提供实习场所、并由学校出资自办、由学校负责经营管理、经营收入全部归学校所有的企业。

十一、本通知规定的增值税优惠政策的具体征收管理办法，由国家税务总局制定。

十二、本通知自2016年5月1日起执行，《财政部 国家税务总局关于促进残疾人就业税收优惠政策的通知》（财税〔2007〕92号）、《财政部 国家税务总局关于将铁路运输和邮政业纳入营业税改征增值税试点的通知》（财税〔2013〕106号）附件3第二条第（二）项同时废止。纳税人2016年5月1日前执行财税〔2007〕92号和财税〔2013〕106号文件发生的应退未退的增值税余额，可按照本通知第五条规定执行。

65. 特殊教育校办企业安置残疾人就业增值税即征即退

【享受主体】

特殊教育校办企业。

【优惠内容】

1. 对安置残疾人的特殊教育学校举办的企业，实行由税务机关按纳税人安置残疾人的人数，限额即征即退增值税。

2. 安置的每位残疾人每月可退还的增值税具体限额，由县级以上税务机关根据纳税人所在区县（含县级市、旗，下同）适用的经省（含自治区、直辖市、计划单列市，下同）人民政府批准的月最低工资标准的4倍确定。

3. 在计算残疾人人数时可将在企业上岗工作的特殊教育学校的全日制在校学生计算在内，在计算企业在职职工人数时也要将上述学生计算在内。

【享受条件】

1. 特殊教育学校举办的企业，是指特殊教育学校主要为在校学生提供实习场所、并由学校出资自办、由学校负责经营管理、经营收入全部归学校所有的企业。

2. 纳税人（除盲人按摩机构外）月安置的残疾人占在职职工人数的比例不低于25%（含25%），并且安置的残疾人人数不少于10人（含10人）。

3. 纳税人纳税信用等级为税务机关评定的C级或D级的，不得享受此项税收优惠政策。

4. 如果既适用促进残疾人就业增值税优惠政策，又适用重点群体、退役士兵、随军家属、军转干部等支持就业的增值税优惠政策的，纳税人可自行选择适用的优惠政策，但不能累加执行。一经选定，36个月内不得变更。

5. 此项税收优惠政策仅适用于生产销售货物，提供加工、修理修配劳务，以及提供营改增现代服务和生活服务税目（不含文化体育服务和娱乐服务）

范围的服务取得的收入之和,占其增值税收入的比例达到50%的纳税人,但不适用于上述纳税人直接销售外购货物(包括商品批发和零售)以及销售委托加工的货物取得的收入。

【政策依据】

(1)《财政部 国家税务总局关于促进残疾人就业增值税优惠政策的通知》(财税〔2016〕52号)第三条

(2)《国家税务总局关于发布〈促进残疾人就业增值税优惠政策管理办法〉的公告》(国家税务总局公告2016年第33号)(略,见文件63-3)

【政策链接】

65-1 《财政部 国家税务总局关于促进残疾人就业增值税优惠政策的通知》第三条

2016年5月5日 财税〔2016〕52号

三、《财政部 国家税务总局关于教育税收政策的通知》(财税〔2004〕39号)第一条第7项规定的特殊教育学校举办的企业,只要符合本通知第二条第(一)项第一款规定的条件,即可享受本通知第一条规定的增值税优惠政策。这类企业在计算残疾人人数时可将在企业上岗工作的特殊教育学校的全日制在校学生计算在内,在计算企业在职职工人数时也要将上述学生计算在内。

66. 残疾人就业减征个人所得税

【享受主体】

就业的残疾人。

【优惠内容】

对残疾人个人取得的劳动所得,按照省、自治区、直辖市人民政府规定的减征幅度和期限减征个人所得税。

【享受条件】

"残疾人"是指持有《中华人民共和国残疾人证》上注明属于视力残疾、听力残疾、言语残疾、肢体残疾、智力残疾和精神残疾的人员和持有《中华人民共和国残疾军人证（1至8级)》的人员。

【政策依据】

（1）《中华人民共和国个人所得税法》（中华人民共和国主席令第四十八号）第五条

（2）《中华人民共和国个人所得税法实施条例》（中华人民共和国国务院令第600号）第十六条

政策链接

66-1 《中华人民共和国个人所得税法》第五条

　　　2011年6月30日　中华人民共和国主席令第四十八号

　　第五条　有下列情形之一的，经批准可以减征个人所得税：

一、残疾、孤老人员和烈属的所得；

二、因严重自然灾害造成重大损失的；

三、其他经国务院财政部门批准减税的。

66-2 《中华人民共和国个人所得税法实施条例》第十六条

　　　2011年7月19日　中华人民共和国国务院令第600号

　　第十六条　税法第五条所说的减征个人所得税，其减征的幅度和期限由省、自治区、直辖市人民政府规定。

67.安置残疾人就业的企业残疾人工资加计扣除

【享受主体】

安置残疾人就业的企业。

【优惠内容】

企业安置残疾人员的，在按照支付给残疾职工工资据实扣除的基础上，可以在计算应纳税所得额时按照支付给残疾职工工资的100%加计扣除。

【享受条件】

1.依法与安置的每位残疾人签订了1年以上（含1年）的劳动合同或服务协议，并且安置的每位残疾人在企业实际上岗工作。

2. 为安置的每位残疾人按月足额缴纳了企业所在区县人民政府根据国家政策规定的基本养老保险、基本医疗保险、失业保险和工伤保险等社会保险。

3. 定期通过银行等金融机构向安置的每位残疾人实际支付了不低于企业所在区县适用的经省级人民政府批准的最低工资标准的工资。

4. 具备安置残疾人上岗工作的基本设施。

【政策依据】

(1)《中华人民共和国企业所得税法》(中华人民共和国主席令第六十四号)第三十条第(二)项

(2)《中华人民共和国企业所得税法实施条例》(中华人民共和国国务院令第512号)第九十六条第一款

(3)《财政部 国家税务总局关于安置残疾人员就业有关企业所得税优惠政策问题的通知》(财税〔2009〕70号)

政策链接

67-1 《中华人民共和国企业所得税法》第三十条第(二)项

2017年2月24日 中华人民共和国主席令第六十四号

第三十条 企业的下列支出,可以在计算应纳税所得额时加计扣除:

……

(二)安置残疾人员及国家鼓励安置的其他就业人员所支付的工资。

67-2 《中华人民共和国企业所得税法实施条例》第九十六条第一款

2007年12月6日 中华人民共和国国务院令第512号

第九十六条 企业所得税法第三十条第(二)项所称企业安置残疾人员所支付的工资的加计扣除,是指企业安置残疾人员的,在按照支付给残疾职工工资据实扣除的基础上,按照支付给残疾职工工资的100%加计扣除。残疾人员的范围适用《中华人民共和国残疾人保障法》的有关规定。

67-3 《财政部 国家税务总局关于安置残疾人员就业有关企业所得税优惠政策问题的通知》[①]

2009年4月30日 财税〔2009〕70号

各省、自治区、直辖市、计划单列市财政厅（局）、国家税务局、地方税务局，新疆生产建设兵团财务局：

根据《中华人民共和国企业所得税法》和《中华人民共和国企业所得税法实施条例》（国务院令第512号）的有关规定，现就企业安置残疾人员就业有关企业所得税优惠政策问题，通知如下：

一、企业安置残疾人员的，在按照支付给残疾职工工资据实扣除的基础上，可以在计算应纳税所得额时按照支付给残疾职工工资的100%加计扣除。

企业就支付给残疾职工的工资，在进行企业所得税预缴申报时，允许据实计算扣除；在年度终了进行企业所得税年度申报和汇算清缴时，再依照本条第一款的规定计算加计扣除。

二、残疾人员的范围适用《中华人民共和国残疾人保障法》的有关规定。

三、企业享受安置残疾职工工资100%加计扣除应同时具备如下条件：

（一）依法与安置的每位残疾人签订了1年以上（含1年）的劳动合同或服务协议，并且安置的每位残疾人在企业实际上岗工作。

（二）为安置的每位残疾人按月足额缴纳了企业所在区县人民政府根据国家政策规定的基本养老保险、基本医疗保险、失业保险和工伤保险等社会保险。

（三）定期通过银行等金融机构向安置的每位残疾人实际支付了不低于企业所在区县适用的经省级人民政府批准的最低工资标准的工资。

（四）具备安置残疾人上岗工作的基本设施。

四、企业应在年度终了进行企业所得税年度申报和汇算清缴时，向主管税务机关报送本通知第四条规定的相关资料、已安置残疾职工名单及其《中华人民共和国残疾人证》或《中华人民共和国残疾军人证（1至8级）》复印件和主管税务机关要求提供的其他资料，办理享受企业所得税加计扣除优惠的备

[①] 政策调整。"安置残疾人员和国家鼓励安置的其他就业人员所支付工资的加计扣除的核准"取消。参见：1.《国家税务总局贯彻落实〈国务院关于第二批取消152项中央指定地方实施行政审批事项的决定〉的通知》，税总发〔2016〕23号。2.《国务院关于第二批取消152项中央指定地方实施行政审批事项的决定》，国发〔2016〕9号。3.《国家税务总局关于公布已取消的22项税务非行政许可审批事项的公告》，国家税务总局公告2015年第58号。

案手续。

五、在企业汇算清缴结束后，主管税务机关在对企业进行日常管理、纳税评估和纳税检查时，应对安置残疾人员企业所得税加计扣除优惠的情况进行核实。

六、本通知自 2008 年 1 月 1 日起执行。

68. 安置残疾人就业的单位减免城镇土地使用税

【享受主体】

安置残疾人就业的单位。

【优惠内容】

减征或免征城镇土地使用税。

【享受条件】

在一个纳税年度内月平均实际安置残疾人就业人数占单位在职职工总数的比例高于 25%（含 25%）且实际安置残疾人人数高于 10 人（含 10 人）的单位。

【政策依据】

《财政部　国家税务总局关于安置残疾人就业单位城镇土地使用税等政策的通知》（财税〔2010〕121 号）第一条

政策链接

68-1 《财政部　国家税务总局关于安置残疾人就业单位城镇土地使用税等政策的通知》第一条

2010 年 12 月 21 日　财税〔2010〕121 号

一、关于安置残疾人就业单位的城镇土地使用税问题

对在一个纳税年度内月平均实际安置残疾人就业人数占单位在职职工总数的比例高于 25%（含 25%）且实际安置残疾人人数高于 10 人（含 10 人）的单位，可减征或免征该年度城镇土地使用税。具体减免税比例及管理办法由省、自治区、直辖市财税主管部门确定。

《国家税务局关于土地使用税若干具体问题的解释和暂行规定》（国税地字〔1988〕15 号）第十八条第四项同时废止。

四、推动普惠金融发展

（一）银行类金融机构贷款税收优惠

69. 金融机构农户和小型微型企业小额贷款利息收入免征增值税

【享受主体】

向农户、小型企业、微型企业及个体工商户提供小额贷款的金融机构。

【优惠内容】

自 2017 年 12 月 1 日至 2019 年 12 月 31 日，对金融机构向农户、小型企业、微型企业及个体工商户发放小额贷款取得的利息收入，免征增值税。

【享受条件】

1. 农户，是指长期（一年以上）居住在乡镇（不包括城关镇）行政管理区域内的住户，还包括长期居住在城关镇所辖行政村范围内的住户和户口不在本地而在本地居住一年以上的住户，国有农场的职工。位于乡镇（不包括城关镇）行政管理区域内和在城关镇所辖行政村范围内的国有经济的机关、团体、学校、企事业单位的集体户；有本地户口，但举家外出谋生一年以上的住户，无论是否保留承包耕地均不属于农户。农户以户为统计单位，既可以从事农业生产经营，也可口从事非农业生产经营。农户贷款的判定应以贷款发放时的借款人是否属于农户为准。

2. 小型企业、微型企业，是指符合《中小企业划型标准规定》（工信部联企业〔2011〕300 号）的小型企业和微型企业。其中，资产总额和从业人员指标均以贷款发放时的实际状态确定，营业收入指标以贷款发放前 12 个自然月的累计数确定，不满 12 个自然月的，按照以下公式计算：

营业收入（年）=企业实际存续期间营业收入/企业实际存续月数×12。

3. 小额贷款,是指单户授信小于 100 万元(含本数)的农户、小型企业、微型企业或个体工商户贷款;没有授信额度的,是指单户贷款合同金额且贷款余额在 100 万元(含本数)以下的贷款。

【政策依据】

(1)《财政部 税务总局关于支持小微企业融资有关税收政策的通知》(财税〔2017〕77 号)第一条、第三条

(2)《工业和信息化部 国家统计局 国家发展和改革委员会 财政部关于印发中小企业划型标准规定的通知》(工信部联企业〔2011〕300 号)

政策链接

69-1 《财政部 税务总局关于支持小微企业融资有关税收政策的通知》第一条、第三条
2017 年 10 月 26 日 财税〔2017〕77 号

一、自 2017 年 12 月 1 日至 2019 年 12 月 31 日,对金融机构向农户、小型企业、微型企业及个体工商户发放小额贷款取得的利息收入,免征增值税。金融机构应将相关免税证明材料留存备查,单独核算符合免税条件的小额贷款利息收入,按现行规定向主管税务机构办理纳税申报;未单独核算的,不得免征增值税。《财政部 税务总局关于延续支持农村金融发展有关税收政策的通知》(财税〔2017〕44 号)第一条相应废止。

……

三、本通知所称农户,是指长期(一年以上)居住在乡镇(不包括城关镇)行政管理区域内的住户,还包括长期居住在城关镇所辖行政村范围内的住户和户口不在本地而在本地居住一年以上的住户,国有农场的职工。位于乡镇(不包括城关镇)行政管理区域内和在城关镇所辖行政村范围内的国有经济的机关、团体、学校、企事业单位的集体户;有本地户口,但举家外出谋生一年以上的住户,无论是否保留承包耕地均不属于农户。农户以户为统计单位,既可以从事农业生产经营,也可以从事非农业生产经营。农户贷款的判定应以贷款发放时的借款人是否属于农户为准。

本通知所称小型企业、微型企业,是指符合《中小企业划型标准规定》(工信部联企业〔2011〕300 号)的小型企业和微型企业。其中,资产总额和从业人员指标均以贷款发放时的实际状态确定;营业收入指标以贷款发放前 12 个自然月的累计数确定,不满 12 个自然月的,按照以下公式计算:

营业收入（年）=企业实际存续期间营业收入/企业实际存续月数×12

本通知所称小额贷款，是指单户授信小于100万元（含本数）的农户、小型企业、微型企业或个体工商户贷款；没有授信额度的，是指单户贷款合同金额且贷款余额在100万元（含本数）以下的贷款。

69-2 《工业和信息化部　国家统计局　国家发展和改革委员会　财政部关于印发中小企业划型标准规定的通知》

2011年6月18日　工信部联企业〔2011〕300号

各省、自治区、直辖市人民政府，国务院各部委、各直属机构及有关单位：

为贯彻落实《中华人民共和国中小企业促进法》和《国务院关于进一步促进中小企业发展的若干意见》（国发〔2009〕36号），工业和信息化部、国家统计局、发展改革委、财政部研究制定了《中小企业划型标准规定》。经国务院同意，现印发给你们，请遵照执行。

中小企业划型标准规定

一、根据《中华人民共和国中小企业促进法》和《国务院关于进一步促进中小企业发展的若干意见》（国发〔2009〕36号），制定本规定。

二、中小企业划分为中型、小型、微型三种类型，具体标准根据企业从业人员、营业收入、资产总额等指标，结合行业特点制定。

三、本规定适用的行业包括：农、林、牧、渔业，工业（包括采矿业，制造业，电力、热力、燃气及水生产和供应业），建筑业，批发业，零售业，交通运输业（不含铁路运输业），仓储业，邮政业，住宿业，餐饮业，信息传输业（包括电信、互联网和相关服务），软件和信息技术服务业，房地产开发经营，物业管理，租赁和商务服务业，其他未列明行业（包括科学研究和技术服务业，水利、环境和公共设施管理业，居民服务、修理和其他服务业，社会工作，文化、体育和娱乐业等）。

四、各行业划型标准为：

（一）农、林、牧、渔业。营业收入20000万元以下的为中小微型企业。其中，营业收入500万元及以上的为中型企业，营业收入50万元及以上的为小型企业，营业收入50万元以下的为微型企业。

（二）工业。从业人员1000人以下或营业收入40000万元以下的为中小微型企业。其中，从业人员300人及以上，且营业收入2000万元及以上的为中型企业；从业人员20人及以上，且营业收入300万元及以上的为小型企业；

从业人员20人以下或营业收入300万元以下的为微型企业。

（三）建筑业。营业收入80000万元以下或资产总额80000万元以下的为中小微型企业。其中，营业收入6000万元及以上，且资产总额5000万元及以上的为中型企业；营业收入300万元及以上，且资产总额300万元及以上的为小型企业；营业收入300万元以下或资产总额300万元以下的为微型企业。

（四）批发业。从业人员200人以下或营业收入40000万元以下的为中小微型企业。其中，从业人员20人及以上，且营业收入5000万元及以上的为中型企业；从业人员5人及以上，且营业收入1000万元及以上的为小型企业；从业人员5人以下或营业收入1000万元以下的为微型企业。

（五）零售业。从业人员300人以下或营业收入20000万元以下的为中小微型企业。其中，从业人员50人及以上，且营业收入500万元及以上的为中型企业；从业人员10人及以上，且营业收入100万元及以上的为小型企业；从业人员10人以下或营业收入100万元以下的为微型企业。

（六）交通运输业。从业人员1000人以下或营业收入30000万元以下的为中小微型企业。其中，从业人员300人及以上，且营业收入3000万元及以上的为中型企业；从业人员20人及以上，且营业收入200万元及以上的为小型企业；从业人员20人以下或营业收入200万元以下的为微型企业。

（七）仓储业。从业人员200人以下或营业收入30000万元以下的为中小微型企业。其中，从业人员100人及以上，且营业收入1000万元及以上的为中型企业；从业人员20人及以上，且营业收入100万元及以上的为小型企业；从业人员20人以下或营业收入100万元以下的为微型企业。

（八）邮政业。从业人员1000人以下或营业收入30000万元以下的为中小微型企业。其中，从业人员300人及以上，且营业收入2000万元及以上的为中型企业；从业人员20人及以上，且营业收入100万元及以上的为小型企业；从业人员20人以下或营业收入100万元以下的为微型企业。

（九）住宿业。从业人员300人以下或营业收入10000万元以下的为中小微型企业。其中，从业人员100人及以上，且营业收入2000万元及以上的为中型企业；从业人员10人及以上，且营业收入100万元及以上的为小型企业；从业人员10人以下或营业收入100万元以下的为微型企业。

（十）餐饮业。从业人员300人以下或营业收入10000万元以下的为中小微型企业。其中，从业人员100人及以上，且营业收入2000万元及以上的为中型企业；从业人员10人及以上，且营业收入100万元及以上的为小型企业；从业人员10人以下或营业收入100万元以下的为微型企业。

（十一）信息传输业。从业人员2000人以下或营业收入100000万元以下的为中小微型企业。其中，从业人员100人及以上，且营业收入1000万元及以上的为中型企业；从业人员10人及以上，且营业收入100万元及以上的为小型企业；从业人员10人以下或营业收入100万元以下的为微型企业。

（十二）软件和信息技术服务业。从业人员300人以下或营业收入10000万元以下的为中小微型企业。其中，从业人员100人及以上，且营业收入1000万元及以上的为中型企业；从业人员10人及以上，且营业收入50万元及以上的为小型企业；从业人员10人以下或营业收入50万元以下的为微型企业。

（十三）房地产开发经营。营业收入200000万元以下或资产总额10000万元以下的为中小微型企业。其中，营业收入1000万元及以上，且资产总额5000万元及以上的为中型企业；营业收入100万元及以上，且资产总额2000万元及以上的为小型企业；营业收入100万元以下或资产总额2000万元以下的为微型企业。

（十四）物业管理。从业人员1000人以下或营业收入5000万元以下的为中小微型企业。其中，从业人员300人及以上，且营业收入1000万元及以上的为中型企业；从业人员100人及以上，且营业收入500万元及以上的为小型企业；从业人员100人以下或营业收入500万元以下的为微型企业。

（十五）租赁和商务服务业。从业人员300人以下或资产总额120000万元以下的为中小微型企业。其中，从业人员100人及以上，且资产总额8000万元及以上的为中型企业；从业人员10人及以上，且资产总额100万元及以上的为小型企业；从业人员10人以下或资产总额100万元以下的为微型企业。

（十六）其他未列明行业。从业人员300人以下的为中小微型企业。其中，从业人员100人及以上的为中型企业；从业人员10人及以上的为小型企业；从业人员10人以下的为微型企业。

五、企业类型的划分以统计部门的统计数据为依据。

六、本规定适用于在中华人民共和国境内依法设立的各类所有制和各种组织形式的企业。个体工商户和本规定以外的行业，参照本规定进行划型。

七、本规定的中型企业标准上限即为大型企业标准的下限，国家统计部门据此制定大中小微型企业的统计分类。国务院有关部门据此进行相关数据分析，不得制定与本规定不一致的企业划型标准。

八、本规定由工业和信息化部、国家统计局会同有关部门根据《国民经济行业分类》修订情况和企业发展变化情况适时修订。

九、本规定由工业和信息化部、国家统计局会同有关部门负责解释。

十、本规定自发布之日起执行，原国家经贸委、原国家计委、财政部和国家统计局2003年颁布的《中小企业标准暂行规定》同时废止。

70. 金融机构农户小额贷款利息收入企业所得税减计收入

【享受主体】

向农户提供小额贷款的金融机构。

【优惠内容】

自 2017 年 1 月 1 日至 2019 年 12 月 31 日，对金融机构农户小额贷款的利息收入，在计算应纳税所得额时，按 90% 计入收入总额。

【享受条件】

1. 农户，是指长期（一年以上）居住在乡镇（不包括城关镇）行政管理区域内的住户，还包括长期居住在城关镇所辖行政村范围内的住户和户口不在本地而在本地居住一年以上的住户，国有农场的职工和农村个体工商户。位于乡镇（不包括城关镇）行政管理区域内和在城关镇所辖行政村范围内的国有经济的机关、团体、学校、企事业单位的集体户；有本地户口，但举家外出谋生一年以上的住户，无论是否保留承包耕地均不属于农户。农户以户为统计单位，既可以从事农业生产经营，也可以从事非农业生产经营。农户贷款的判定应以贷款发放时的承贷主体是否属于农户为准。

2. 小额贷款，是指单笔且该农户贷款余额总额在 10 万元（含本数）以下的贷款。

【政策依据】

《财政部 税务总局关于延续支持农村金融发展有关税收政策的通知》（财税〔2017〕44 号）第二条、第四条

政策链接

70-1 《财政部 税务总局关于延续支持农村金融发展有关税收政策的通知》第二条、第四条
2017 年 6 月 9 日 财税〔2017〕44 号

二、自 2017 年 1 月 1 日至 2019 年 12 月 31 日，对金融机构农户小额贷款的利息收入，在计算应纳税所得额时，按 90% 计入收入总额。

……

四、本通知所称农户,是指长期(一年以上)居住在乡镇(不包括城关镇)行政管理区域内的住户,还包括长期居住在城关镇所辖行政村范围内的住户和户口不在本地而在本地居住一年以上的住户,国有农场的职工和农村个体工商户。位于乡镇(不包括城关镇)行政管理区域内和在城关镇所辖行政村范围内的国有经济的机关、团体、学校、企事业单位的集体户;有本地户口,但举家外出谋生一年以上的住户,无论是否保留承包耕地均不属于农户。农户以户为统计单位,既可以从事农业生产经营,也可以从事非农业生产经营。农户贷款的判定应以贷款发放时的承贷主体是否属于农户为准。

本通知所称小额贷款,是指单笔且该农户贷款余额总额在 10 万元(含本数)以下的贷款。

本通知所称保费收入,是指原保险保费收入加上分保费收入减去分出保费后的余额。

71. 金融企业涉农和中小企业贷款损失准备金税前扣除

【享受主体】

提供涉农贷款及中小企业贷款的金融企业。

【优惠内容】

自 2014 年 1 月 1 日至 2018 年 12 月 31 日,金融企业根据《贷款风险分类指引》(银监发〔2007〕54 号),对其涉农贷款和中小企业贷款进行风险分类后,按照以下比例计提的贷款损失准备金,准予在计算应纳税所得额时扣除:

1. 关注类贷款,计提比例为 2%;
2. 次级类贷款,计提比例为 25%;
3. 可疑类贷款,计提比例为 50%;
4. 损失类贷款,计提比例为 100%。

【享受条件】

1. 涉农贷款,是指《涉农贷款专项统计制度》(银发〔2007〕246 号)统计的以下贷款:

(1)农户贷款;

(2)农村企业及各类组织贷款。

农户贷款,是指金融企业发放给农户的所有贷款。农户贷款的判定应以贷款发放时的承贷主体是否属于农户为准。农户,是指长期(一年以上)居住在乡镇（不包括城关镇）行政管理区域内的住户，还包括长期居住在城关镇所辖行政村范围内的住户和户口不在本地而在本地居住一年以上的住户，国有农场的职工和农村个体工商户。位于乡镇（不包括城关镇）行政管理区域内和在城关镇所辖行政村范围内的国有经济的机关、团体、学校、企事业单位的集体户；有本地户口，但举家外出谋生一年以上的住户，无论是否保留承包耕地均不属于农户。农户以户为统计单位，既可以从事农业生产经营，也可以从事非农业生产经营。

农村企业及各类组织贷款，是指金融企业发放给注册地位于农村区域的企业及各类组织的所有贷款。农村区域，是指除地级及以上城市的城市行政区及其市辖建制镇之外的区域。

2. 中小企业贷款，是指金融企业对年销售额和资产总额均不超过 2 亿元的企业的贷款。

【政策依据】

《财政部　国家税务总局关于金融企业涉农贷款和中小企业贷款损失准备金税前扣除有关问题的通知》（财税〔2015〕3 号）

政策链接

71-1 《财政部　国家税务总局关于金融企业涉农贷款和中小企业贷款损失准备金税前扣除有关问题的通知》

2015 年 1 月 15 日　财税〔2015〕3 号

各省、自治区、直辖市、计划单列市财政厅（局）、国家税务局、地方税务局，新疆生产建设兵团财务局：

根据《中华人民共和国企业所得税法》及《中华人民共和国企业所得税法实施条例》的有关规定，现就金融企业涉农贷款和中小企业贷款损失准备金的企业所得税税前扣除政策，通知如下：

一、金融企业根据《贷款风险分类指导原则》（银发〔2001〕416 号），对其涉农贷款和中小企业贷款进行风险分类后，按照以下比例计提的贷款损失准备金，准予在计算应纳税所得额时扣除：

（一）关注类贷款，计提比例为 2%；

（二）次级类贷款，计提比例为 25%；

（三）可疑类贷款，计提比例为 50%；

（四）损失类贷款，计提比例为 100%。

二、本通知所称涉农贷款，是指《涉农贷款专项统计制度》(银发〔2007〕246号）统计的以下贷款：

（一）农户贷款；

（二）农村企业及各类组织贷款。

本条所称农户贷款，是指金融企业发放给农户的所有贷款。农户贷款的判定应以贷款发放时的承贷主体是否属于农户为准。农户，是指长期（一年以上）居住在乡镇（不包括城关镇）行政管理区域内的住户，还包括长期居住在城关镇所辖行政村范围内的住户和户口不在本地而在本地居住一年以上的住户，国有农场的职工和农村个体工商户。位于乡镇（不包括城关镇）行政管理区域内和在城关镇所辖行政村范围内的国有经济的机关、团体、学校、企事业单位的集体户；有本地户口，但举家外出谋生一年以上的住户，无论是否保留承包耕地均不属于农户。农户以户为统计单位，既可以从事农业生产经营，也可以从事非农业生产经营。

本条所称农村企业及各类组织贷款，是指金融企业发放给注册地位于农村区域的企业及各类组织的所有贷款。农村区域，是指除地级及以上城市的城市行政区及其市辖建制镇之外的区域。

三、本通知所称中小企业贷款，是指金融企业对年销售额和资产总额均不超过2亿元的企业的贷款。

四、金融企业发生的符合条件的涉农贷款和中小企业贷款损失，应先冲减已在税前扣除的贷款损失准备金，不足冲减部分可据实在计算应纳税所得额时扣除。

五、本通知自2014年1月1日起至2018年12月31日止执行。

72. 金融企业涉农和中小企业贷款损失税前扣除

【享受主体】

提供涉农贷款、中小企业贷款的金融企业。

【优惠内容】

金融企业涉农贷款、中小企业贷款逾期1年以上，经追索无法收回，应依据涉农贷款、中小企业贷款分类证明，按下列规定计算确认贷款损失进行税前扣除：

1. 单户贷款余额不超过300万元（含300万元）的，应依据向借款人和担保人的有关原始追索记录（包括司法追索、电话追索、信件追索和上门追索等原始记录之一,并由经办人和负责人共同签章确认),计算确认损失进行税前扣除。

2. 单户贷款余额超过 300 万元至 1000 万元(含 1000 万元)的,应依据有关原始追索记录(应当包括司法追索记录,并由经办人和负责人共同签章确认),计算确认损失进行税前扣除。

3. 单户贷款余额超过 1000 万元的,仍按《国家税务总局关于发布〈企业资产损失所得税税前扣除管理办法〉的公告》(国家税务总局公告 2011 年第 25 号)有关规定计算确认损失进行税前扣除。

【享受条件】

1. 涉农贷款,是指《涉农贷款专项统计制度》(银发〔2007〕246 号)统计的以下贷款:

(1)农户贷款;

(2)农村企业及各类组织贷款。

农户贷款,是指金融企业发放给农户的所有贷款。农户贷款的判定应以贷款发放时的承贷主体是否属于农户为准。农户,是指长期(一年以上)居住在乡镇(不包括城关镇)行政管理区域内的住户,还包括长期居住在城关镇所辖行政村范围内的住户和户口不在本地而在本地居住一年以上的住户,国有农场的职工和农村个体工商户。位于乡镇(不包括城关镇)行政管理区域内和在城关镇所辖行政村范围内的国有经济的机关、团体、学校、企事业单位的集体户;有本地户口,但举家外出谋生一年以上的住户,无论是否保留承包耕地均不属于农户。农户以户为统计单位,既可以从事农业生产经营,也可以从事非农业生产经营。

2. 农村企业及各类组织贷款,是指金融企业发放给注册地位于农村区域的企业及各类组织的所有贷款。农村区域,是指除地级及以上城市的城市行政区及其市辖建制镇之外的区域。

3. 中小企业贷款,是指金融企业对年销售额和资产总额均不超过 2 亿元的企业的贷款。

4. 金融企业发生的符合条件的涉农贷款和中小企业贷款损失,应先冲减已在税前扣除的贷款损失准备金,不足冲减部分可据实在计算应纳税所得额时扣除。

【政策依据】

(1)《财政部 国家税务总局关于金融企业涉农贷款和中小企业贷款损失

准备金税前扣除有关问题的通知》(财税〔2015〕3号)(略,见文件71-1)

(2)《国家税务总局关于金融企业涉农贷款和中小企业贷款损失税前扣除问题的公告》(国家税务总局公告2015年第25号)

政策链接

72-1 《国家税务总局关于金融企业涉农贷款和中小企业贷款损失税前扣除问题的公告》

2015年4月27日　国家税务总局公告2015年第25号

为鼓励金融企业加大对涉农贷款和中小企业贷款力度,及时处置涉农贷款和中小企业贷款损失,增强金融企业抵御风险能力,根据《中华人民共和国企业所得税法》及其实施条例、《财政部　国家税务总局关于企业资产损失税前扣除政策的通知》(财税〔2009〕57号)、《国家税务总局关于发布〈企业资产损失所得税税前扣除管理办法〉的公告》(国家税务总局公告2011年第25号)的规定,现就金融企业涉农贷款和中小企业贷款损失所得税前扣除问题公告如下:

一、金融企业涉农贷款、中小企业贷款逾期1年以上,经追索无法收回,应依据涉农贷款、中小企业贷款分类证明,按下列规定计算确认贷款损失进行税前扣除:

(一)单户贷款余额不超过300万元(含300万元)的,应依据向借款人和担保人的有关原始追索记录(包括司法追索、电话追索、信件追索和上门追索等原始记录之一,并由经办人和负责人共同签章确认),计算确认损失进行税前扣除。

(二)单户贷款余额超过300万元至1000万元(含1000万元)的,应依据有关原始追索记录(应当包括司法追索记录,并由经办人和负责人共同签章确认),计算确认损失进行税前扣除。

(三)单户贷款余额超过1000万元的,仍按《国家税务总局关于发布〈企业资产损失所得税税前扣除管理办法〉的公告》(国家税务总局公告2011年第25号)有关规定计算确认损失进行税前扣除。

二、金融企业涉农贷款和中小企业贷款的分类标准,按照《财政部　国家税务总局关于金融企业涉农贷款和中小企业贷款损失准备金税前扣除有关问题的通知》(财税〔2015〕3号)规定执行。

三、金融企业应当建立健全贷款损失内部核销管理制度,严格内部责任认定和追究,及时收集、整理、编制、审核、申报、保存资产损失税前扣除证据材料。

对不符合法定条件扣除的贷款损失，或弄虚作假进行税前扣除的，应追溯调整以前年度的税务处理，并按《中华人民共和国税收征收管理法》有关规定进行处罚。

四、本公告适用2014年度及以后年度涉农贷款和中小企业贷款损失的税前扣除。

特此公告。

73. 农村信用社等金融机构提供金融服务可选择适用简易计税方法缴纳增值税

【享受主体】

农村信用社、村镇银行、农村资金互助社、由银行业机构全资发起设立的贷款公司、法人机构在县（县级市、区、旗）及县以下地区的农村合作银行和农村商业银行。

【优惠内容】

农村信用社、村镇银行、农村资金互助社、由银行业机构全资发起设立的贷款公司、法人机构在县（县级市、区、旗）及县以下地区的农村合作银行和农村商业银行提供金融服务收入，可以选择适用简易计税方法按照3%的征收率计算缴纳增值税。

【享受条件】

1. 村镇银行，是指经中国银行业监督管理委员会依据有关法律、法规批准，由境内外金融机构、境内非金融机构企业法人、境内自然人出资，在农村地区设立的主要为当地农民、农业和农村经济发展提供金融服务的银行业金融机构。

2. 农村资金互助社，是指经银行业监督管理机构批准，由乡（镇）、行政村农民和农村小企业自愿入股组成，为社员提供存款、贷款、结算等业务的社区互助性银行业金融机构。

3. 由银行业机构全资发起设立的贷款公司，是指经中国银行业监督管理委员会依据有关法律、法规批准，由境内商业银行或农村合作银行在农村地区设立的专门为县域农民、农业和农村经济发展提供贷款服务的非银行业金融机构。

4. 县（县级市、区、旗），不包括直辖市和地级市所辖城区。

【政策依据】

《财政部　国家税务总局关于进一步明确全面推开营改增试点金融业有关政策的通知》（财税〔2016〕46号）第三条

政策链接

73-1 《财政部　国家税务总局关于进一步明确全面推开营改增试点金融业有关政策的通知》第三条

2016年4月29日　财税〔2016〕46号

三、农村信用社、村镇银行、农村资金互助社、由银行业机构全资发起设立的贷款公司、法人机构在县（县级市、区、旗）及县以下地区的农村合作银行和农村商业银行提供金融服务收入，可以选择适用简易计税方法按照3%的征收率计算缴纳增值税。

村镇银行，是指经中国银行业监督管理委员会依据有关法律、法规批准，由境内外金融机构、境内非金融机构企业法人、境内自然人出资，在农村地区设立的主要为当地农民、农业和农村经济发展提供金融服务的银行业金融机构。

农村资金互助社，是指经银行业监督管理机构批准，由乡（镇）、行政村农民和农村小企业自愿入股组成，为社员提供存款、贷款、结算等业务的社区互助性银行业金融机构。

由银行业机构全资发起设立的贷款公司，是指经中国银行业监督管理委员会依据有关法律、法规批准，由境内商业银行或农村合作银行在农村地区设立的专门为县域农民、农业和农村经济发展提供贷款服务的非银行业金融机构。

县（县级市、区、旗），不包括直辖市和地级市所辖城区。

74. 中国农业银行三农金融事业部涉农贷款利息收入可选择适用简易计税方法缴纳增值税

【享受主体】

中国农业银行纳入"三农金融事业部"改革试点的各省、自治区、直辖市、计划单列市分行下辖的县域支行和新疆生产建设兵团分行下辖的县域支行（也称县事业部）。

【优惠内容】

对中国农业银行纳入"三农金融事业部"改革试点的各省、自治区、直辖市、计划单列市分行下辖的县域支行和新疆生产建设兵团分行下辖的县域支行（也称县事业部），提供的农户贷款、农村企业和农村各类组织贷款取得的利息收入，可以选择适用简易计税方法按照3%的征收率计算缴纳增值税。

【享受条件】

1. 农户贷款，是指金融机构发放给农户的贷款，但不包括免征增值税的农户小额贷款。

2. 农户，是指长期（一年以上）居住在乡镇（不包括城关镇）行政管理区域内的住户，还包括长期居住在城关镇所辖行政村范围内的住户和户口不在本地而在本地居住一年以上的住户，国有农场的职工和农村个体工商户。位于乡镇（不包括城关镇）行政管理区域内和在城关镇所辖行政村范围内的国有经济的机关、团体、学校、企事业单位的集体户；有本地户口，但举家外出谋生一年以上的住户，无论是否保留承包耕地均不属于农户。农户以户为统计单位，既可以从事农业生产经营，也可以从事非农业生产经营。农户贷款的判定应以贷款发放时的承贷主体是否属于农户为准。

3. 农村企业和农村各类组织贷款，是指金融机构发放给注册在农村地区的企业及各类组织的贷款。

4. 可享受本优惠的涉农贷款业务应属于《财政部 国家税务总局关于进一步明确全面推开营改增试点金融业有关政策的通知》（财税〔2016〕46号）附件《享受增值税优惠的涉农贷款业务清单》所列业务。

【政策依据】

《财政部 国家税务总局关于进一步明确全面推开营改增试点金融业有关政策的通知》（财税〔2016〕46号）第四条及附件《享受增值税优惠的涉农贷款业务清单》

政策链接

74-1 《财政部　国家税务总局关于进一步明确全面推开营改增试点金融业有关政策的通知》第四条及附件《享受增值税优惠的涉农贷款业务清单》

2016年4月29日　财税〔2016〕46号

四、对中国农业银行纳入"三农金融事业部"改革试点的各省、自治区、直辖市、计划单列市分行下辖的县域支行和新疆生产建设兵团分行下辖的县域支行（也称县事业部），提供农户贷款、农村企业和农村各类组织贷款（具体贷款业务清单见附件）取得的利息收入，可以选择适用简易计税方法按照3%的征收率计算缴纳增值税。

农户贷款，是指金融机构发放给农户的贷款，但不包括按照《过渡政策的规定》第一条第（十九）项规定的免征增值税的农户小额贷款。

农户，是指《过渡政策的规定》第一条第（十九）项所称的农户。

农村企业和农村各类组织贷款，是指金融机构发放给注册在农村地区的企业及各类组织的贷款。

……

附件

享受增值税优惠的涉农贷款业务清单

1. 法人农业贷款
2. 法人林业贷款
3. 法人畜牧业贷款
4. 法人渔业贷款
5. 法人农林牧渔服务业贷款
6. 法人其他涉农贷款（煤炭、烟草、采矿业、房地产业、城市基础设施建设和其他类的法人涉农贷款除外）
7. 小型农田水利设施贷款
8. 大型灌区改造
9. 中低产田改造
10. 防涝抗旱减灾体系建设
11. 农产品加工贷款

12. 农业生产资料制造贷款
13. 农业物资流通贷款
14. 农副产品流通贷款
15. 农产品出口贷款
16. 农业科技贷款
17. 农业综合生产能力建设
18. 农田水利设施建设
19. 农产品流通设施建设
20. 其他农业生产性基础设施建设
21. 农村饮水安全工程
22. 农村公路建设
23. 农村能源建设
24. 农村沼气建设
25. 其他农村生活基础设施建设
26. 农村教育设施建设
27. 农村卫生设施建设
28. 农村文化体育设施建设
29. 林业和生态环境建设
30. 个人农业贷款
31. 个人林业贷款
32. 个人畜牧业贷款
33. 个人渔业贷款
34. 个人农林牧渔服务业贷款
35. 农户其他生产经营贷款
36. 农户助学贷款
37. 农户医疗贷款
38. 农户住房贷款
39. 农户其他消费贷款

75. 金融机构与小型微型企业签订借款合同免征印花税

【享受主体】

金融机构和小型企业、微型企业。

【优惠内容】

自 2018 年 1 月 1 日至 2020 年 12 月 31 日,对金融机构与小型企业、微型企业签订的借款合同免征印花税。

【享受条件】

小型企业、微型企业,是指符合《中小企业划型标准规定》(工信部联企业〔2011〕300 号)的小型企业和微型企业。其中,资产总额和从业人员指标均以贷款发放时的实际状态确定,营业收入指标以贷款发放前 12 个自然月的累计数确定,不满 12 个自然月的,按照以下公式计算:

营业收入(年)= 企业实际存续期间营业收入/企业实际存续月数 ×12。

【政策依据】

(1)《财政部 税务总局关于支持小微企业融资有关税收政策的通知》(财税〔2017〕77 号)第二条、第三条

(2)《工业和信息化部 国家统计局 国家发展和改革委员会 财政部关于印发中小企业划型标准规定的通知》(工信部联企业〔2011〕300 号)(略,见文件69 - 2)

政策链接

75 -1 《财政部 税务总局关于支持小微企业融资有关税收政策的通知》第二条、第三条

2017 年 10 月 26 日　财税〔2017〕77 号

二、自 2018 年 1 月 1 日至 2020 年 12 月 31 日,对金融机构与小型企业、微型企业签订的借款合同免征印花税。

三、本通知所称农户,是指长期(一年以上)居住在乡镇(不包括城关镇)行政管理区域内的住户,还包括长期居住在城关镇所辖行政村范围内的住户和户口不在本地而在本地居住一年以上的住户,国有农场的职工。位于乡镇(不包括城关镇)行政管理区域内和在城关镇所辖行政村范围内的国有经济的机关、团体、学校、企事业单位的集体户;有本地户口,但举家外出谋生一年以上的住户,无论是否保留承包耕地均不属于农户。农户以户为统计单位,既可以从事农业生产经营,也可以从事非农业生产经营。农户贷款的判定应以贷款发放时的借款人是否属于农户为准。

本通知所称小型企业、微型企业,是指符合《中小企业划型标准规定》(工信部联企业〔2011〕300号)的小型企业和微型企业。其中,资产总额和从业人员指标均以贷款发放时的实际状态确定;营业收入指标以贷款发放前12个自然月的累计数确定,不满12个自然月的,按照以下公式计算:

营业收入(年)=企业实际存续期间营业收入/企业实际存续月数×12

本通知所称小额贷款,是指单户授信小于100万元(含本数)的农户、小型企业、微型企业或个体工商户贷款;没有授信额度的,是指单户贷款合同金额且贷款余额在100万元(含本数)以下的贷款。

(二)小额贷款公司贷款税收优惠

76. 小额贷款公司农户小额贷款利息收入免征增值税

【享受主体】

经省级金融管理部门(金融办、局等)批准成立的小额贷款公司。

【优惠内容】

自2017年1月1日至2019年12月31日,对经省级金融管理部门(金融办、局等)批准成立的小额贷款公司取得的农户小额贷款利息收入,免征增值税。

【享受条件】

1. 农户,是指长期(一年以上)居住在乡镇(不包括城关镇)行政管理区域内的住户,还包括长期居住在城关镇所辖行政村范围内的住户和户口不在本地而在本地居住一年以上的住户,国有农场的职工和农村个体工商户。位于乡镇(不包括城关镇)行政管理区域内和在城关镇所辖行政村范围内的国有经济的机关、团体、学校、企事业单位的集体户;有本地户口,但举家外出谋生一年以上的住户,无论是否保留承包耕地均不属于农户。农户以户为统计单位,既可以从事农业生产经营,也可以从事非农业生产经营。农户贷款的判定应以贷款发放时的承贷主体是否属于农户为准。

2. 小额贷款,是指单笔且该农户贷款余额总额在10万元(含本数)以下的贷款。

【政策依据】

《财政部 税务总局关于小额贷款公司有关税收政策的通知》（财税〔2017〕48号）第一条、第四条

政策链接

76-1 《财政部 税务总局关于小额贷款公司有关税收政策的通知》第一条、第四条

2017年6月9日 财税〔2017〕48号

一、自2017年1月1日至2019年12月31日，对经省级金融管理部门（金融办、局等）批准成立的小额贷款公司取得的农户小额贷款利息收入，免征增值税。

……

四、本通知所称农户，是指长期（一年以上）居住在乡镇（不包括城关镇）行政管理区域内的住户，还包括长期居住在城关镇所辖行政村范围内的住户和户口不在本地而在本地居住一年以上的住户，国有农场的职工和农村个体工商户。位于乡镇（不包括城关镇）行政管理区域内和在城关镇所辖行政村范围内的国有经济的机关、团体、学校、企事业单位的集体户；有本地户口，但举家外出谋生一年以上的住户，无论是否保留承包耕地均不属于农户。农户以户为统计单位，既可以从事农业生产经营，也可以从事非农业生产经营。农户贷款的判定应以贷款发放时的承贷主体是否属于农户为准。

本通知所称小额贷款，是指单笔且该农户贷款余额总额在10万元（含本数）以下的贷款。

77. 小额贷款公司农户小额贷款利息收入企业所得税减计收入

【享受主体】

经省级金融管理部门（金融办、局等）批准成立的小额贷款公司。

【优惠内容】

自2017年1月1日至2019年12月31日，对经省级金融管理部门（金融办、局等）批准成立的小额贷款公司取得的农户小额贷款利息收入，在计算应纳税所得额时，按90%计入收入总额。

【享受条件】

1. 农户，是指长期（一年以上）居住在乡镇（不包括城关镇）行政管理区域内的住户，还包括长期居住在城关镇所辖行政村范围内的住户和户口不在本地而在本地居住一年以上的住户，国有农场的职工和农村个体工商户。位于乡镇（不包括城关镇）行政管理区域内和在城关镇所辖行政村范围内的国有经济的机关、团体、学校、企事业单位的集体户；有本地户口，但举家外出谋生一年以上的住户，无论是否保留承包耕地均不属于农户。农户以户为统计单位，既可以从事农业生产经营，也可以从事非农业生产经营。农户贷款的判定应以贷款发放时的承贷主体是否属于农户为准。

2. 小额贷款，是指单笔且该农户贷款余额总额在 10 万元（含本数）以下的贷款。

【政策依据】

《财政部 税务总局关于小额贷款公司有关税收政策的通知》（财税〔2017〕48 号）第二条、第四条

政策链接

77 - 1 《财政部 税务总局关于小额贷款公司有关税收政策的通知》第二条、第四条

2017 年 6 月 9 日 财税〔2017〕48 号

二、自 2017 年 1 月 1 日至 2019 年 12 月 31 日，对经省级金融管理部门（金融办、局等）批准成立的小额贷款公司取得的农户小额贷款利息收入，在计算应纳税所得额时，按 90% 计入收入总额。

……

四、本通知所称农户，是指长期（一年以上）居住在乡镇（不包括城关镇）行政管理区域内的住户，还包括长期居住在城关镇所辖行政村范围内的住户和户口不在本地而在本地居住一年以上的住户，国有农场的职工和农村个体工商户。位于乡镇（不包括城关镇）行政管理区域内和在城关镇所辖行政村范围内的国有经济的机关、团体、学校、企事业单位的集体户；有本地户口，但举家外出谋生一年以上的住户，无论是否保留承包耕地均不属于农户。农户以户为统计单位，既可以从事农业生产经营，也可以从事非农业生产经营。农户贷款的判定应以贷款发放时的承贷主体是否属于农户为准。

本通知所称小额贷款，是指单笔且该农户贷款余额总额在 10 万元（含本数）以下的贷款。

78. 小额贷款公司贷款损失准备金企业所得税税前扣除

【享受主体】

经省级金融管理部门（金融办、局等）批准成立的小额贷款公司。

【优惠内容】

自 2017 年 1 月 1 日至 2019 年 12 月 31 日，对经省级金融管理部门（金融办、局等）批准成立的小额贷款公司按年末贷款余额的 1% 计提的贷款损失准备金准予在企业所得税税前扣除。

【享受条件】

贷款损失准备金所得税税前扣除具体政策口径按照《财政部 国家税务总局关于金融企业贷款损失准备金企业所得税税前扣除有关政策的通知》（财税〔2015〕9 号）执行。

【政策依据】

（1）《财政部 国家税务总局关于金融企业贷款损失准备金企业所得税税前扣除有关政策的通知》（财税〔2015〕9 号）

（2）《财政部 税务总局关于小额贷款公司有关税收政策的通知》（财税〔2017〕48 号）第三条

政策链接

78-1 《财政部 国家税务总局关于金融企业贷款损失准备金企业所得税税前扣除有关政策的通知》
2015 年 1 月 15 日 财税〔2015〕9 号

各省、自治区、直辖市、计划单列市财政厅（局）、国家税务局、地方税务局，新疆生产建设兵团财务局：

根据《中华人民共和国企业所得税法》及《中华人民共和国企业所得税法实施条例》的有关规定，现就政策性银行、商业银行、财务公司、城乡信用社和金融租赁公司等金融企业提取的贷款损失准备金的企业所得税税前扣除

政策问题,通知如下:

一、准予税前提取贷款损失准备金的贷款资产范围包括:

(一) 贷款(含抵押、质押、担保等贷款);

(二) 银行卡透支、贴现、信用垫款(含银行承兑汇票垫款、信用证垫款、担保垫款等)、进出口押汇、同业拆出、应收融资租赁款等各项具有贷款特征的风险资产;

(三) 由金融企业转贷并承担对外还款责任的国外贷款,包括国际金融组织贷款、外国买方信贷、外国政府贷款、日本国际协力银行不附条件贷款和外国政府混合贷款等资产。

二、金融企业准予当年税前扣除的贷款损失准备金计算公式如下:

准予当年税前扣除的贷款损失准备金=本年末准予提取贷款损失准备金的贷款资产余额×1% - 截至上年末已在税前扣除的贷款损失准备金的余额。

金融企业按上述公式计算的数额如为负数,应当相应调增当年应纳税所得额。

三、金融企业的委托贷款、代理贷款、国债投资、应收股利、上交央行准备金以及金融企业剥离的债权和股权、应收财政贴息、央行款项等不承担风险和损失的资产,不得提取贷款损失准备金在税前扣除。

四、金融企业发生的符合条件的贷款损失,应先冲减已在税前扣除的贷款损失准备金,不足冲减部分可据实在计算当年应纳税所得额时扣除。

五、金融企业涉农贷款和中小企业贷款损失准备金的税前扣除政策,凡按照《财政部 国家税务总局关于金融企业涉农贷款和中小企业贷款损失准备金税前扣除有关问题的通知》(财税〔2015〕3号)的规定执行的,不再适用本通知第一条至第四条的规定。

六、本通知自2014年1月1日起至2018年12月31日止执行。

78-2 《财政部 税务总局关于小额贷款公司有关税收政策的通知》第三条

2017年6月9日 财税〔2017〕48号

三、自2017年1月1日至2019年12月31日,对经省级金融管理部门(金融办、局等)批准成立的小额贷款公司按年末贷款余额的1%计提的贷款损失准备金准予在企业所得税税前扣除。具体政策口径按照《财政部 国家税务总局关于金融企业贷款损失准备金企业所得税税前扣除有关政策的通知》(财税〔2015〕9号)执行。

(三) 融资担保及再担保业务税收优惠

79. 为农户及小型微型企业提供融资担保及再担保业务免征增值税

【享受主体】

为农户、小型企业、微型企业及个体工商户借款、发行债券提供融资担保以及为上述融资担保(以下称"原担保")提供再担保的纳税人。

【优惠内容】

自2018年1月1日至2019年12月31日,纳税人为农户、小型企业、微型企业及个体工商户借款、发行债券提供融资担保取得的担保费收入,以及为原担保提供再担保取得的再担保费收入,免征增值税。

【享受条件】

1. 农户,是指长期(一年以上)居住在乡镇(不包括城关镇)行政管理区域内的住户,还包括长期居住在城关镇所辖行政村范围内的住户和户口不在本地而在本地居住一年以上的住户,国有农场的职工。位于乡镇(不包括城关镇)行政管理区域内和在城关镇所辖行政村范围内的国有经济的机关、团体、学校、企事业单位的集体户;有本地户口,但举家外出谋生一年以上的住户,无论是否保留承包耕地均不属于农户。农户以户为统计单位,既可以从事农业生产经营,也可以从事非农业生产经营。农户担保、再担保的判定应以原担保生效时的被担保人是否属于农户为准。

2. 小型企业、微型企业,是指符合《中小企业划型标准规定》(工信部联企业〔2011〕300号)的小型企业和微型企业。其中,资产总额和从业人员指标均以原担保生效时的实际状态确定;营业收入指标以原担保生效前12个自然月的累计数确定,不满12个自然月的,按照以下公式计算:

营业收入(年) = 企业实际存续期间营业收入/企业实际存续月数×12。

3. 再担保合同对应多个原担保合同的,原担保合同应全部适用免征增值税政策。否则,再担保合同应按规定缴纳增值税。

【政策依据】

(1)《财政部 税务总局关于租入固定资产进项税额抵扣等增值税政策的通知》(财税〔2017〕90号)第六条

（2）《工业和信息化部　国家统计局　国家发展和改革委员会　财政部关于印发中小企业划型标准规定的通知》（工信部联企业〔2011〕300号）（略，见文件69-2）

政策链接

79-1 《财政部　税务总局关于租入固定资产进项税额抵扣等增值税政策的通知》第六条

2017年12月25日　财税〔2017〕90号

六、自2018年1月1日至2019年12月31日，纳税人为农户、小型企业、微型企业及个体工商户借款、发行债券提供融资担保取得的担保费收入，以及为上述融资担保（以下称"原担保"）提供再担保取得的再担保费收入，免征增值税。再担保合同对应多个原担保合同的，原担保合同应全部适用免征增值税政策。否则，再担保合同应按规定缴纳增值税。

纳税人应将相关免税证明材料留存备查，单独核算符合免税条件的融资担保费和再担保费收入，按现行规定向主管税务机关办理纳税申报；未单独核算的，不得免征增值税。

农户，是指长期（一年以上）居住在乡镇（不包括城关镇）行政管理区域内的住户，还包括长期居住在城关镇所辖行政村范围内的住户和户口不在本地而在本地居住一年以上的住户，国有农场的职工。位于乡镇（不包括城关镇）行政管理区域内和在城关镇所辖行政村范围内的国有经济的机关、团体、学校、企事业单位的集体户；有本地户口，但举家外出谋生一年以上的住户，无论是否保留承包耕地均不属于农户。农户以户为统计单位，既可以从事农业生产经营，也可以从事非农业生产经营。农户担保、再担保的判定应以原担保生效时的被担保人是否属于农户为准。

小型企业、微型企业，是指符合《中小企业划型标准规定》（工信部联企业〔2011〕300号）的小型企业和微型企业。其中，资产总额和从业人员指标均以原担保生效时的实际状态确定；营业收入指标以原担保生效前12个自然月的累计数确定，不满12个自然月的，按照以下公式计算：

营业收入（年）＝企业实际存续期间营业收入/企业实际存续月数×12

《财政部　税务总局关于全面推开营业税改征增值税试点的通知》（财税〔2016〕36号）附件3《营业税改征增值税试点过渡政策的规定》第一条第（二十四）款规定的中小企业信用担保增值税免税政策自2018年1月1日起停止执行。纳税人享受中小企业信用担保增值税免税政策在2017年12月31日前未满 3 年的,可以继续享受至 3 年期满为止。

80. 中小企业融资(信用)担保机构有关准备金企业所得税税前扣除

【享受主体】

符合条件的中小企业融资(信用)担保机构。

【优惠内容】

自 2016 年 1 月 1 日起至 2020 年 12 月 31 日,对于符合条件的中小企业融资(信用)担保机构提取的以下准备金准予在企业所得税税前扣除:

1. 按照不超过当年年末担保责任余额 1% 的比例计提的担保赔偿准备,允许在企业所得税税前扣除,同时将上年度计提的担保赔偿准备余额转为当期收入。

2. 按照不超过当年担保费收入 50% 的比例计提的未到期责任准备,允许在企业所得税税前扣除,同时将上年度计提的未到期责任准备余额转为当期收入。

【享受条件】

符合条件的中小企业融资(信用)担保机构,必须同时满足以下条件:

1. 符合《融资性担保公司管理暂行办法》(银监会等七部委令 2010 年第 3 号)相关规定,并具有融资性担保机构监管部门颁发的经营许可证。

2. 以中小企业为主要服务对象,当年中小企业信用担保业务和再担保业务发生额占当年信用担保业务发生总额的 70% 以上(上述收入不包括信用评级、咨询、培训等收入)。

3. 中小企业融资担保业务的平均年担保费率不超过银行同期贷款基准利率的 50%。

4. 财政、税务部门规定的其他条件。

【政策依据】

《财政部 税务总局关于中小企业融资(信用)担保机构有关准备金企业所得税税前扣除政策的通知》(财税〔2017〕22 号)

政策链接

80-1 《财政部 税务总局关于中小企业融资（信用）担保机构有关准备金企业所得税税前扣除政策的通知》

2017年3月21日 财税〔2017〕22号

各省、自治区、直辖市、计划单列市财政厅（局）、国家税务局、地方税务局，新疆生产建设兵团财务局：

根据《中华人民共和国企业所得税法》和《中华人民共和国企业所得税法实施条例》的有关规定，现就中小企业融资（信用）担保机构有关准备金企业所得税税前扣除政策问题通知如下：

一、符合条件的中小企业融资（信用）担保机构按照不超过当年年末担保责任余额1%的比例计提的担保赔偿准备，允许在企业所得税税前扣除，同时将上年度计提的担保赔偿准备余额转为当期收入。

二、符合条件的中小企业融资（信用）担保机构按照不超过当年担保费收入50%的比例计提的未到期责任准备，允许在企业所得税税前扣除，同时将上年度计提的未到期责任准备余额转为当期收入。

三、中小企业融资（信用）担保机构实际发生的代偿损失，符合税收法律法规关于资产损失税前扣除政策规定的，应冲减已在税前扣除的担保赔偿准备，不足冲减部分据实在企业所得税税前扣除。

四、本通知所称符合条件的中小企业融资（信用）担保机构，必须同时满足以下条件：

（一）符合《融资性担保公司管理暂行办法》（银监会等七部委令2010年第3号）相关规定，并具有融资性担保机构监管部门颁发的经营许可证；

（二）以中小企业为主要服务对象，当年中小企业信用担保业务和再担保业务发生额占当年信用担保业务发生总额的70%以上（上述收入不包括信用评级、咨询、培训等收入）；

（三）中小企业融资担保业务的平均年担保费率不超过银行同期贷款基准利率的50%；

（四）财政、税务部门规定的其他条件。

五、申请享受本通知规定的准备金税前扣除政策的中小企业融资（信用）担保机构，在汇算清缴时，需报送法人执照副本复印件、融资性担保机构监管部门颁发的经营许可证复印件、年度会计报表和担保业务情况（包括担保业务明细和风险准备金提取等），以及财政、税务部门要求提供的其他材料。

六、本通知自2016年1月1日起至2020年12月31日止执行。《财政部 国家税务总局关于中小企业信用担保机构有关准备金企业所得税税前扣除政策的通知》(财税〔2012〕25号)同时废止。

(四) 农牧保险业务税收优惠

81. 农牧保险业务免征增值税

【享受主体】

提供农牧保险业务的纳税人。

【优惠内容】

提供农牧保险业务免征增值税。

【享受条件】

农牧保险,是指为种植业、养殖业、牧业种植和饲养的动植物提供保险的业务。

【政策依据】

《财政部 国家税务总局关于全面推开营业税改征增值税试点的通知》(财税〔2016〕36号)附件3第一条第(十)项

政策链接

81-1 《财政部 国家税务总局关于全面推开营业税改征增值税试点的通知》附件3第一条第(十)项

2016年3月23日 财税〔2016〕36号

一、下列项目免征增值税

……

(十)农业机耕、排灌、病虫害防治、植物保护、农牧保险以及相关技术培训业务,家禽、牲畜、水生动物的配种和疾病防治。

农业机耕,是指在农业、林业、牧业中使用农业机械进行耕作(包括耕耘、种植、收割、脱粒、植物保护等)的业务;排灌,是指对农田进行灌溉或者排涝的业务;病虫害防治,是指从事农业、林业、牧业、渔业的病虫害测报和防治的业务；农牧保险，是指为种植业、养殖业、牧业种植和饲养的动植物提供保险的业务；相关技术培训，是指与农业机耕、排灌、病虫害防治、植物保护业务相关以及为使农民获得农牧保险知识的技术培训业务；家禽、牲畜、水生动物的配种和疾病防治业务的免税范围，包括与该项服务有关的提供药品和医疗用具的业务。

82. 保险公司种植业、养殖业保险业务企业所得税减计收入

【享受主体】

为种植业、养殖业提供保险业务的保险公司。

【优惠内容】

自 2017 年 1 月 1 日至 2019 年 12 月 31 日，对保险公司为种植业、养殖业提供保险业务取得的保费收入，在计算应纳税所得额时，按 90% 计入收入总额。

【享受条件】

1. 农户，是指长期（一年以上）居住在乡镇（不包括城关镇）行政管理区域内的住户，还包括长期居住在城关镇所辖行政村范围内的住户和户口不在本地而在本地居住一年以上的住户，国有农场的职工和农村个体工商户。位于乡镇（不包括城关镇）行政管理区域内和在城关镇所辖行政村范围内的国有经济的机关、团体、学校、企事业单位的集体户；有本地户口，但举家外出谋生一年以上的住户，无论是否保留承包耕地均不属于农户。农户以户为统计单位，既可以从事农业生产经营，也可以从事非农业生产经营。农户贷款的判定应以贷款发放时的承贷主体是否属于农户为准。

2. 保费收入，是指原保险保费收入加上分保费收入减去分出保费后的余额。

【政策依据】

《财政部　税务总局关于延续支持农村金融发展有关税收政策的通知》（财税〔2017〕44 号）第三条、第四条

政策链接

82-1 《财政部 税务总局关于延续支持农村金融发展有关税收政策的通知》第三条、第四条
2017年6月9日 财税〔2017〕44号

三、自2017年1月1日至2019年12月31日,对保险公司为种植业、养殖业提供保险业务取得的保费收入,在计算应纳税所得额时,按90%计入收入总额。

四、本通知所称农户,是指长期(一年以上)居住在乡镇(不包括城关镇)行政管理区域内的住户,还包括长期居住在城关镇所辖行政村范围内的住户和户口不在本地而在本地居住一年以上的住户,国有农场的职工和农村个体工商户。位于乡镇(不包括城关镇)行政管理区域内和在城关镇所辖行政村范围内的国有经济的机关、团体、学校、企事业单位的集体户;有本地户口,但举家外出谋生一年以上的住户,无论是否保留承包耕地均不属于农户。农户以户为统计单位,既可以从事农业生产经营,也可以从事非农业生产经营。农户贷款的判定应以贷款发放时的承贷主体是否属于农户为准。

本通知所称小额贷款,是指单笔且该农户贷款余额总额在10万元(含本数)以下的贷款。

本通知所称保费收入,是指原保险保费收入加上分保费收入减去分出保费后的余额。

83. 农牧业畜类保险合同免征印花税

【享受主体】

订立农林作物、牧业畜类保险合同的双方纳税人。

【优惠内容】

对农林作物、牧业畜类保险合同免征印花税。

【享受条件】

保险合同属于农林作物、牧业畜类。

【政策依据】

《国家税务局关于对保险公司征收印花税有关问题的通知》(国税地字

〔1988〕37号）第二条

政策链接

83-1 《国家税务局关于对保险公司征收印花税有关问题的通知》第二条

1988年12月31日　国税地字〔1988〕37号

二、关于财产保险合同的贴花问题。目前，保险公司的财产保险分为企业财产保险、机动车辆保险、货物运输保险、家庭财产保险和农牧业保险五大类。为了支持农村保险事业的发展，照顾农牧业生产的负担，除对农林作物、牧业畜类保险合同暂不贴花外，对其他几类财产保险合同均应按照规定计税贴花。其中，家庭财产保险由单位集体办理的，可分别按个人投保金额计税。

五、促进"老少边穷"地区加快发展

（一）扶持欠发达地区和革命老区发展税收优惠

84. 西部地区鼓励类产业企业所得税优惠

【享受主体】

设在西部地区从事鼓励类产业的企业。

【优惠内容】

自 2011 年 1 月 1 日至 2020 年 12 月 31 日，对设在西部地区的鼓励类产业企业减按 15% 的税率征收企业所得税。

【享受条件】

1. 鼓励类产业企业是指以《西部地区鼓励类产业目录》中规定的产业项目为主营业务，且其主营业务收入占企业收入总额 70% 以上的企业。
2. 西部地区包括重庆市、四川省、贵州省、云南省、西藏自治区、陕西省、甘肃省、宁夏回族自治区、青海省、新疆维吾尔自治区、新疆生产建设兵团、内蒙古自治区和广西壮族自治区。湖南省湘西土家族苗族自治州、湖北省恩施土家族苗族自治州、吉林省延边朝鲜族自治州，可以比照西部地区的税收政策执行。

【政策依据】

（1）《财政部　海关总署　国家税务总局关于深入实施西部大开发战略有关税收政策问题的通知》（财税〔2011〕58 号）

（2）《国家税务总局关于深入实施西部大开发战略有关企业所得税问题的公告》（国家税务总局公告 2012 年第 12 号）

（3）《国家税务总局关于执行〈西部地区鼓励类产业目录〉有关企业所得税问题的公告》（国家税务总局公告2015年第14号）

（4）《西部地区鼓励类产业目录》（中华人民共和国国家发展和改革委员会令第15号发布）

政策链接

84-1 《财政部 海关总署 国家税务总局关于深入实施西部大开发战略有关税收政策问题的通知》[①]

2011年7月27日 财税〔2011〕58号

各省、自治区、直辖市、计划单列市财政厅（局）、国家税务局、地方税务局，新疆生产建设兵团财务局，海关总署广东分署、各直属海关：

为贯彻落实党中央、国务院关于深入实施西部大开发战略的精神，进一步支持西部大开发，现将有关税收政策问题通知如下：

一、对西部地区内资鼓励类产业、外商投资鼓励类产业及优势产业的项目在投资总额内进口的自用设备，在政策规定范围内免征关税。

二、自2011年1月1日至2020年12月31日，对设在西部地区的鼓励类产业企业减按15%的税率征收企业所得税。

上述鼓励类产业企业是指以《西部地区鼓励类产业目录》中规定的产业项目为主营业务，且其主营业务收入占企业收入总额70%以上的企业。《西部地区鼓励类产业目录》另行发布。

三、对西部地区2010年12月31日前新办的、根据《财政部、国家税务总局、海关总署关于西部大开发税收优惠政策问题的通知》（财税〔2001〕202号）第二条第三款规定可以享受企业所得税"两免三减半"优惠的交通、电力、水利、邮政、广播电视企业，其享受的企业所得税"两免三减半"优惠可以继续享受到期满为止。

四、本通知所称西部地区包括重庆市、四川省、贵州省、云南省、西藏自治区、陕西省、甘肃省、宁夏回族自治区、青海省、新疆维吾尔自治区、新疆生产建设兵团、内蒙古自治区和广西壮族自治区。湖南省湘西土家族苗族自治

[①] 政策调整。"西部大开发税收优惠政策审批"取消。参见：1.《国家税务总局关于贯彻落实〈国务院关于第一批取消62项中央指定地方实施行政审批事项的决定〉的通知》，税总发〔2015〕141号。2.《国务院关于第一批取消62项中央指定地方实施行政审批事项的决定》，国发〔2015〕57号。3.《国家税务总局关于公布已取消的22项税务非行政许可审批事项的公告》，国家税务总局公告2015年第58号。

州、湖北省恩施土家族苗族自治州、吉林省延边朝鲜族自治州，可以比照西部地区的税收政策执行。

五、本通知自2011年1月1日起执行。《财政部、国家税务总局、海关总署关于西部大开发税收优惠政策问题的通知》（财税〔2001〕202号）、《国家税务总局关于落实西部大开发有关税收政策具体实施意见的通知》（国税发〔2002〕47号）、《财政部、国家税务总局关于西部大开发税收优惠政策适用目录变更问题的通知》（财税〔2006〕165号）、《财政部、国家税务总局关于将西部地区旅游景点和景区经营纳入西部大开发税收优惠政策范围的通知》（财税〔2007〕65号）自2011年1月1日起停止执行。

84-2 《国家税务总局关于深入实施西部大开发战略有关企业所得税问题的公告》
2012年4月6日　国家税务总局公告2012年第12号

根据《中华人民共和国企业所得税法》（以下简称《企业所得税法》）及其实施条例和《财政部、国家税务总局、海关总署关于深入实施西部大开发战略有关税收政策问题的通知》（财税〔2011〕58号）的规定，现将深入实施西部大开发战略有关企业所得税问题公告如下：

一、自2011年1月1日至2020年12月31日，对设在西部地区以《西部地区鼓励类产业目录》中规定的产业项目为主营业务，且其当年度主营业务收入占企业收入总额70%以上的企业，经企业申请，主管税务机关审核确认后，[①] 可减按15%税率缴纳企业所得税。

上述所称收入总额，是指《企业所得税法》第六条规定的收入总额。

二、企业应当在年度汇算清缴前向主管税务机关提出书面申请并附送相关资料。第一年须报主管税务机关审核确认，第二年及以后年度实行备案管理。各省、自治区、直辖市和计划单列市税务机关可结合本地实际制定具体审核、备案管理办法，并报国家税务总局（所得税司）备案。

凡对企业主营业务是否属于《西部地区鼓励类产业目录》难以界定的，税务机关应要求企业提供省级（含副省级）政府有关行政主管部门或其授权的下一级行政主管部门出具的证明文件。

企业主营业务属于《西部地区鼓励类产业目录》范围的，经主管税务机

---

① 条款废止。第一条中"经企业申请，主管税务机关审核确认后"废止。参见：《国家税务总局关于公布全文失效废止和部分条款废止的税收规范性文件目录的公告》，国家税务总局公告2016年第34号。

关确认，可按照 15% 税率预缴企业所得税。年度汇算清缴时，其当年度主营业务收入占企业总收入的比例达不到规定标准的，应按税法规定的税率计算申报并进行汇算清缴。

三、在《西部地区鼓励类产业目录》公布前，企业符合《产业结构调整指导目录（2005 年版）》《产业结构调整指导目录（2011 年版）》《外商投资产业指导目录（2007 年修订）》和《中西部地区优势产业目录（2008 年修订）》范围的，经税务机关确认后，其企业所得税可按照 15% 税率缴纳。《西部地区鼓励类产业目录》公布后，已按 15% 税率进行企业所得税汇算清缴的企业，若不符合本公告第一条规定的条件，可在履行相关程序后，按税法规定的适用税率重新计算申报。①

四、2010 年 12 月 31 日前新办的交通、电力、水利、邮政、广播电视企业，凡已经按照《国家税务总局关于落实西部大开发有关税收政策具体实施意见的通知》（国税发〔2002〕47 号）第二条第二款规定，取得税务机关审核批准的，其享受的企业所得税"两免三减半"优惠可以继续享受到期满为止；凡符合享受原西部大开发税收优惠规定条件，但由于尚未取得收入或尚未进入获利年度等原因，2010 年 12 月 31 日前尚未按照国税发〔2002〕47 号第二条规定完成税务机关审核确认手续的，可按照本公告的规定，履行相关手续后享受原税收优惠。

五、根据《财政部、国家税务总局关于执行企业所得税优惠政策若干问题的通知》（财税〔2009〕69 号）第一条及第二条的规定，企业既符合西部大开发 15% 优惠税率条件，又符合《企业所得税法》及其实施条例和国务院规定的各项税收优惠条件的，可以同时享受。在涉及定期减免税的减半期内，可以按照企业适用税率计算的应纳税额减半征税。

六、在优惠地区内外分别设有机构的企业享受西部大开发优惠税率问题。

（一）总机构设在西部大开发税收优惠地区的企业，仅就设在优惠地区的总机构和分支机构（不含优惠地区外设立的二级分支机构在优惠地区内设立的三级以下分支机构）的所得确定适用 15% 优惠税率。在确定该企业是否符合优惠条件时，以该企业设在优惠地区的总机构和分支机构的主营业务是否符合《西部地区鼓励类产业目录》及其主营业务收入占其收入总额的比重加以确定，不考虑该企业设在优惠地区以外分支机构的因素。该企业应纳所得税额的计算和所得税缴纳，按照《国家税务总局关于印发〈跨地区经营汇总纳税

---

① 条款失效。第三条中有关重新计算申报的规定停止执行。参见：《国家税务总局关于执行〈西部地区鼓励类产业目录〉有关企业所得税问题的公告》，国家税务总局公告 2015 年第 14 号。

企业所得税征收管理暂行办法〉的通知》（国税发〔2008〕28号）第十六条和《国家税务总局关于跨地区经营汇总纳税企业所得税征收管理若干问题的通知》（国税函〔2009〕221号）第二条的规定执行。有关审核、备案手续向总机构主管税务机关申请办理。

（二）总机构设在西部大开发税收优惠地区外的企业，其在优惠地区内设立的分支机构（不含仅在优惠地区内设立的三级以下分支机构），仅就该分支机构所得确定适用15%优惠税率。在确定该分支机构是否符合优惠条件时，仅以该分支机构的主营业务是否符合《西部地区鼓励类产业目录》及其主营业务收入占其收入总额的比重加以确定。该企业应纳所得税额的计算和所得税缴纳，按照国税发〔2008〕28号第十六条和国税函〔2009〕221号第二条的规定执行。有关审核、备案手续向分支机构主管税务机关申请办理，分支机构主管税务机关需将该分支机构享受西部大开发税收优惠情况及时函告总机构所在地主管税务机关。

七、本公告自2011年1月1日起施行。

特此公告。

84-3 《国家税务总局关于执行〈西部地区鼓励类产业目录〉有关企业所得税问题的公告》

2015年3月10日　国家税务总局公告2015年第14号

为深入实施西部大开发战略，促进西部地区产业结构调整和特色优势产业发展，经国务院批准，发展改革委发布了《西部地区鼓励类产业目录》（中华人民共和国国家发展和改革委员会令第15号），自2014年10月1日起施行。现就执行《西部地区鼓励类产业目录》有关企业所得税问题，公告如下：

一、对设在西部地区以《西部地区鼓励类产业目录》中新增鼓励类产业项目为主营业务，且其当年度主营业务收入占企业收入总额70%以上的企业，自2014年10月1日起，可减按15%税率缴纳企业所得税。

二、已按照《国家税务总局关于深入实施西部大开发战略有关企业所得税问题的公告》（国家税务总局公告2012年第12号）第三条规定享受企业所得税优惠政策的企业，其主营业务如不再属于《西部地区鼓励类产业目录》中国家鼓励类产业项目的，自2014年10月1日起，停止执行减按15%税率缴纳企业所得税。

三、凡对企业主营业务是否属于《西部地区鼓励类产业目录》中国家鼓励类产业项目难以界定的，税务机关可以要求企业提供省级（含副省级）发展改革部门或其授权部门出具的证明文件。证明文件需明确列示主营业务的具体项目及符合《西部地区鼓励类产业目录》中的对应条款项目。

四、本公告自 2014 年 10 月 1 日起施行,《国家税务总局关于深入实施西部大开发战略有关企业所得税问题的公告》(国家税务总局公告 2012 年第 12 号)第三条中有关重新计算申报的规定停止执行。

特此公告。

84-4 《西部地区鼓励类产业目录》

2014 年 8 月 20 日　　中华人民共和国国家发展和改革委员会令第 15 号

《西部地区鼓励类产业目录》已经国务院批准,现予以发布,自 2014 年 10 月 1 日起施行。

主任　徐绍史
2014 年 8 月 20 日

(注:《西部地区鼓励类产业目录》编者略)

85. 赣州市符合条件企业享受西部大开发企业所得税优惠

【享受主体】

设在赣州市的鼓励类产业的内资企业和外商投资企业。

【优惠内容】

自 2012 年 1 月 1 日至 2020 年 12 月 31 日,对设在赣州市的鼓励类产业的内资企业和外商投资企业减按 15% 的税率征收企业所得税。

【享受条件】

1. 鼓励类产业的内资企业是指以《产业结构调整指导目录》中规定的鼓励类产业项目为主营业务,且其主营业务收入占企业收入总额 70% 以上的企业。

2. 鼓励类产业的外商投资企业是指以《外商投资产业指导目录》中规定的鼓励类项目和《中西部地区外商投资优势产业目录》中规定的江西省产业项目为主营业务,且其主营业务收入占企业收入总额 70% 以上的企业。

【政策依据】

《财政部 海关总署 国家税务总局关于赣州市执行西部大开发税收政策问题的通知》(财税〔2013〕4号)

政策链接

85-1 《财政部 海关总署 国家税务总局关于赣州市执行西部大开发税收政策问题的通知》[①]

2013年1月10日 财税〔2013〕4号

江西省财政厅、国家税务局、地方税务局,海关总署广东分署、各直属海关:

为贯彻落实《国务院关于支持赣南等原中央苏区振兴发展的若干意见》(国发〔2012〕21号)关于赣州市执行西部大开发政策的规定,现将赣州市执行西部大开发税收政策问题通知如下:

一、对赣州市内资鼓励类产业、外商投资鼓励类产业及优势产业的项目在投资总额内进口的自用设备,在政策规定范围内免征关税。

二、自2012年1月1日至2020年12月31日,对设在赣州市的鼓励类产业的内资企业和外商投资企业减按15%的税率征收企业所得税。

鼓励类产业的内资企业是指以《产业结构调整指导目录》中规定的鼓励类产业项目为主营业务,且其主营业务收入占企业收入总额70%以上的企业。

鼓励类产业的外商投资企业是指以《外商投资产业指导目录》中规定的鼓励类项目和《中西部地区外商投资优势产业目录》中规定的江西省产业项目为主营业务,且其主营业务收入占企业收入总额70%以上的企业。

三、本通知自2012年1月1日起执行。

[①] 政策调整。"赣州市企业享受西部大开发所得税优惠备案核准"取消。参见:1.《国家税务总局贯彻落实〈国务院关于第二批取消152项中央指定地方实施行政审批事项的决定〉的通知》,税总发〔2016〕23号。2.《国务院关于第二批取消152项中央指定地方实施行政审批事项的决定》,国发〔2016〕9号。3.《国家税务总局关于公布已取消的22项税务非行政许可审批事项的公告》,国家税务总局公告2015年第58号。

（二）支持少数民族地区发展税收优惠

86. 民族自治地方企业减征或者免征属于地方分享的企业所得税

【享受主体】

民族自治地方企业。

【优惠内容】

民族自治地方的自治机关对本民族自治地方的企业应缴纳的企业所得税中属于地方分享的部分，可以决定减征或者免征。

【享受条件】

1. 自治州、自治县决定减征或者免征的，须报省、自治区、直辖市人民政府批准。
2. 对民族自治地方内国家限制和禁止行业的企业，不得减征或者免征企业所得税。

【政策依据】

(1)《中华人民共和国企业所得税法》（中华人民共和国主席令第六十四号）第二十九条

(2)《中华人民共和国企业所得税法实施条例》（中华人民共和国国务院令第512号）第九十四条

(3)《财政部 国家税务总局关于贯彻落实国务院关于实施企业所得税过渡优惠政策有关问题的通知》（财税〔2008〕21号）第三条

政策链接

86-1 《中华人民共和国企业所得税法》第二十九条

2017年2月24日 中华人民共和国主席令第六十四号

第二十九条 民族自治地方的自治机关对本民族自治地方的企业应缴纳的企业所得税中属于地方分享的部分，可以决定减征或者免征。自治州、自治县决定减征或者免征的，须报省、自治区、直辖市人民政府批准。

86-2 《中华人民共和国企业所得税法实施条例》第九十四条
2007年12月6日　中华人民共和国国务院令第512号

第九十四条　企业所得税法第二十九条所称民族自治地方，是指依照《中华人民共和国民族区域自治法》的规定，实行民族区域自治的自治区、自治州、自治县。

对民族自治地方内国家限制和禁止行业的企业，不得减征或者免征企业所得税。

86-3 《财政部　国家税务总局关于贯彻落实国务院关于实施企业所得税过渡优惠政策有关问题的通知》第三条
2008年2月13日　财税〔2008〕21号

三、根据《中华人民共和国企业所得税法》（以下称新税法）第二十九条有关"民族自治地方的自治机关对本民族自治地方的企业应缴纳的企业所得税中属于地方分享的部分，可以决定减征或者免征"的规定，对2008年1月1日后民族自治地方批准享受减免税的企业，一律按新税法第二十九条的规定执行，即对民族自治地方的企业减免企业所得税，仅限于减免企业所得税中属于地方分享的部分，不得减免属于中央分享的部分。民族自治地方在新税法实施前已经按照《财政部　国家税务总局　海关总署关于西部大开发税收优惠政策问题的通知》（财税〔2001〕202号）第二条第2款有关减免税规定批准享受减免企业所得税（包括减免中央分享企业所得税的部分）的，自2008年1月1日起计算，对减免税期限在5年以内（含5年）的，继续执行至期满后停止；对减免税期限超过5年的，从第六年起按新税法第二十九条规定执行。

87. 边销茶销售免征增值税

【享受主体】

边销茶生产企业及经销企业。

【优惠内容】

销售自产的边销茶及经销企业销售的边销茶免征增值税。这里所称的边销茶，是指以黑毛茶、老青茶、红茶末、绿茶为主要原料，经过发酵、蒸制、加压或者压碎、炒制，专门销往边疆少数民族地区的紧压茶、方包茶（马茶）。

该优惠政策执行至 2018 年 12 月 31 日。

【享受条件】

需要同时满足以下条件：

1. 适用企业仅为边销茶的生产企业或经销企业，生产企业仅指列名企业。

2. 免税货物仅指以黑毛茶、老青茶、红茶末、绿茶为主要原料，经过发酵、蒸制、加压或者压碎、炒制，专门销往边疆少数民族地区的紧压茶、方包茶（马茶）。

3. 纳税人销售享受增值税免税政策的边销茶，如果已向购买方开具了增值税专用发票，应将专用发票追回后方可申请办理免税。凡使用增值税专用发票无法追回的，一律照章征收增值税，不予免税。

【政策依据】

（1）《财政部　国家税务总局关于继续执行边销茶增值税政策的通知》（财税〔2011〕89 号）

（2）《财政部　国家税务总局关于延长边销茶增值税政策执行期限的通知》（财税〔2016〕73 号）

政策链接

87 -1 《财政部　国家税务总局关于继续执行边销茶增值税政策的通知》①

2011 年 12 月 7 日　财税〔2011〕89 号

各省、自治区、直辖市、计划单列市财政厅（局）、国家税务局，新疆生产建设兵团财务局：

经国务院批准，继续对企业生产和销售的边销茶执行免征增值税政策，现将有关政策通知如下：

一、自 2011 年 1 月 1 日起至 2015 年 12 月 31 日，对边销茶生产企业（企业名单见附件）销售自产的边销茶及经销企业销售的边销茶免征增值税。

本通知所称边销茶，是指以黑毛茶、老青茶、红茶末、绿茶为主要原料，经过发酵、蒸制、加压或者压碎、炒制，专门销往边疆少数民族地区的紧压茶、方包茶（马茶）。

---

① 文件规定的增值税政策继续执行至 2018 年 12 月 31 日。参见：《财政部　国家税务总局关于延长边销茶增值税政策执行期限的通知》，财税〔2016〕73 号。

二、纳税人销售享受本通知规定增值税免税政策的边销茶,如果已向购买方开具了增值税专用发票,应将专用发票追回后方可申请办理免税。凡使用增值税专用发票无法追回的,一律照章征收增值税,不予免税。

三、《财政部、国家税务总局关于民贸企业和边销茶有关增值税政策的通知》(财税〔2009〕141号)到期废止。

附件:适用增值税免税政策的边销茶生产企业名单(编者略)

87-2 《财政部 国家税务总局关于延长边销茶增值税政策执行期限的通知》

2016年7月25日　财税〔2016〕73号

各省、自治区、直辖市、计划单列市财政厅(局)、国家税务局、地方税务局,新疆生产建设兵团财务局:

经国务院批准,《财政部 国家税务总局关于继续执行边销茶增值税政策的通知》(财税〔2011〕89号)规定的增值税政策继续执行至2018年12月31日。

文到之日前,已征的按照本通知规定应予免征的增值税,可抵减纳税人以后月份应缴纳的增值税或予以退还。

88. 新疆困难地区新办鼓励发展产业企业所得税优惠政策

【享受主体】

新疆困难地区新办属于《新疆困难地区重点鼓励发展产业企业所得税优惠目录》范围内的企业。

【优惠内容】

1. 自2010年1月1日至2020年12月31日止,对在新疆困难地区新办的属于《新疆困难地区重点鼓励发展产业企业所得税优惠目录》(以下简称《目录》)范围内的企业,自取得第一笔生产经营收入所属纳税年度起,第一年至第二年免征企业所得税,第三年至第五年减半征收企业所得税。

2. 享受企业所得税定期减免税政策的企业,在减半期内,按照企业所得税25%的法定税率计算的应纳税额减半征税。

【享受条件】

1. 新疆困难地区包括南疆三地州、其他国家扶贫开发重点县和边境县市。

2. 属于《目录》范围内的企业是指以《目录》中规定的产业项目为主营业务,其主营业务收入占企业收入总额70%以上的企业。

3. 第一笔生产经营收入,是指新疆困难地区重点鼓励发展产业项目已建成并投入运营后所取得的第一笔收入。

4. 对难以界定是否属于《目录》范围的项目,企业应提供省级以上(含省级)有关行业主管部门出具的证明文件。

5. 申请享受该政策的企业,涉及外商投资的,应符合现行外商投资产业政策。

【政策依据】

(1)《财政部 国家税务总局关于新疆困难地区新办企业所得税优惠政策的通知》(财税〔2011〕53号)

(2)《财政部 国家税务总局 国家发展改革委 工业和信息化部关于完善新疆困难地区重点鼓励发展产生企业所得税优惠目录的通知》(财税〔2016〕85号,编者略)

政策链接

88-1 《财政部 国家税务总局关于新疆困难地区新办企业所得税优惠政策的通知》[①]

2011年6月17日 财税〔2011〕53号

新疆维吾尔自治区财政厅、国家税务局、地方税务局,新疆生产建设兵团财务局:

为推进新疆跨越式发展和长治久安,根据中共中央、国务院关于支持新疆经济社会发展的指示精神,现就新疆困难地区有关企业所得税优惠政策通知如下:

一、2010年1月1日至2020年12月31日,对在新疆困难地区新办的属于《新疆困难地区重点鼓励发展产业企业所得税优惠目录》(以下简称《目录》)范围内的企业,自取得第一笔生产经营收入所属纳税年度起,第一年至

---

① 政策调整。"企业享受新疆喀什、霍尔果斯两个特殊经济开发区、新疆困难地区新办企业所得税优惠的核准"取消。参见:1.《国家税务总局贯彻落实〈国务院关于第二批取消152项中央指定地方实施行政审批事项的决定〉的通知》,税总发〔2016〕23号。2.《国务院关于第二批取消152项中央指定地方实施行政审批事项的决定》,国发〔2016〕9号。3.《国家税务总局关于公布已取消的22项税务非行政许可审批事项的公告》,国家税务总局公告2015年第58号。

第二年免征企业所得税,第三年至第五年减半征收企业所得税。

二、新疆困难地区包括南疆三地州、其他国家扶贫开发重点县和边境县市。

三、属于《目录》范围内的企业是指以《目录》中规定的产业项目为主营业务,其主营业务收入占企业收入总额70%以上的企业。

四、第一笔生产经营收入,是指新疆困难地区重点鼓励发展产业项目已建成并投入运营后所取得的第一笔收入。

五、按照本通知规定享受企业所得税定期减免税政策的企业,在减半期内,按照企业所得税25%的法定税率计算的应纳税额减半征税。

六、财政部、国家税务总局会同有关部门研究制订《目录》,经国务院批准后公布实施,并根据新疆经济社会发展需要及企业所得税优惠政策实施情况适时调整。

七、对难以界定是否属于《目录》范围的项目,税务机关应当要求企业提供省级以上(含省级)有关行业主管部门出具的证明文件,并结合其他相关材料进行认定。

89. 新疆喀什、霍尔果斯两个特殊经济开发区企业所得税优惠政策

【享受主体】

新疆喀什、霍尔果斯两个特殊经济开发区内新办属于《新疆困难地区重点鼓励发展产业企业所得税优惠目录》范围内的企业。

【优惠内容】

自2010年1月1日至2020年12月31日止,对在新疆喀什、霍尔果斯两个特殊经济开发区内新办的属于《新疆困难地区重点鼓励发展产业企业所得税优惠目录》(以下简称《目录》)范围内的企业,自取得第一笔生产经营收入所属纳税年度起,五年内免征企业所得税。

【享受条件】

1. 第一笔生产经营收入,是指产业项目已建成并投入运营后所取得的第一笔收入。

2. 属于《目录》范围内的企业是指以《目录》中规定的产业项目为主营业务,其主营业务收入占企业收入总额70%以上的企业。

3. 对难以界定是否属于《目录》范围的项目,税务机关应当要求企业提

供省级以上（含省级）有关行业主管部门出具的证明文件，并结合其他相关材料进行认定。

4. 申请享受该政策的企业，涉及外商投资的，应符合现行外商投资产业政策。

【政策依据】

（1）《财政部　国家税务总局关于新疆喀什　霍尔果斯两个特殊经济开发区企业所得税优惠政策的通知》（财税〔2011〕112号）

（2）《财政部　国家税务总局　国家发展改革委　工业和信息化部关于完善新疆困难地区重点鼓励发展产生企业所得税优惠目录的通知》（财税〔2016〕85号，编者略）

政策链接

89-1 《财政部　国家税务总局关于新疆喀什　霍尔果斯两个特殊经济开发区企业所得税优惠政策的通知》[①]

2011年11月29日　财税〔2011〕112号

新疆维吾尔自治区财政厅、国家税务局、地方税务局，新疆生产建设兵团财务局：

为推进新疆跨越式发展和长治久安，贯彻落实《中共中央、国务院关于推进新疆跨越式发展和长治久安的意见》（中发〔2010〕9号）和《国务院关于支持喀什、霍尔果斯经济开发区建设的若干意见》（国发〔2011〕33号）精神，现就新疆喀什、霍尔果斯两个特殊经济开发区有关企业所得税优惠政策通知如下：

一、2010年1月1日至2020年12月31日，对在新疆喀什、霍尔果斯两个特殊经济开发区内新办的属于《新疆困难地区重点鼓励发展产业企业所得税优惠目录》（以下简称《目录》）范围内的企业，自取得第一笔生产经营收入所属纳税年度起，五年内免征企业所得税。

第一笔生产经营收入，是指产业项目已建成并投入运营后所取得的第一笔

---

① 政策调整。"企业享受新疆喀什、霍尔果斯两个特殊经济开发区、新疆困难地区新办企业所得税优惠的核准"取消。参见：1.《国家税务总局贯彻落实〈国务院关于第二批取消152项中央指定地方实施行政审批事项的决定〉的通知》，税总发〔2016〕23号。2.《国务院关于第二批取消152项中央指定地方实施行政审批事项的决定》，国发〔2016〕9号。3.《国家税务总局关于公布已取消的22项税务非行政许可审批事项的公告》，国家税务总局公告2015年第58号。

收入。

二、属于《目录》范围内的企业是指以《目录》中规定的产业项目为主营业务,其主营业务收入占企业收入总额 70% 以上的企业。

三、对难以界定是否属于《目录》范围的项目,税务机关应当要求企业提供省级以上(含省级)有关行业主管部门出具的证明文件,并结合其他相关材料进行认定。

90. 新疆国际大巴扎项目增值税优惠政策

【享受主体】

从事经营新疆国际大巴扎项目的新疆国际大巴扎物业服务有限公司和新疆国际大巴扎文化旅游产业有限公司。

【优惠内容】

自 2017 年 1 月 1 日至 2019 年 12 月 31 日,对新疆国际大巴扎物业服务有限公司和新疆国际大巴扎文化旅游产业有限公司从事与新疆国际大巴扎项目有关的营改增应税行为取得的收入,免征增值税。

【享受条件】

从事与新疆国际大巴扎项目有关的营改增应税行为。

【政策依据】

《财政部 税务总局关于继续执行新疆国际大巴扎项目增值税政策的通知》(财税〔2017〕36 号)

政策链接

90-1 《财政部 税务总局关于继续执行新疆国际大巴扎项目增值税政策的通知》
2017 年 4 月 28 日 财税〔2017〕36 号

新疆维吾尔自治区财政厅、国家税务局,新疆生产建设兵团财务局:

为继续支持新疆旅游业发展,现就新疆国际大巴扎项目增值税政策通知如下:

自 2017 年 1 月 1 日至 2019 年 12 月 31 日,对新疆国际大巴扎物业服务有限公司和新疆国际大巴扎文化旅游产业有限公司从事与新疆国际大巴扎项目有关的营改增应税行为取得的收入,免征增值税。

本通知印发之日前,已征的按照本通知规定应予免征的增值税,可抵减纳税人以后月份应缴纳的增值税或予以退还。

91. 青藏铁路公司及其所属单位营业账簿免征印花税

【享受主体】

青藏铁路公司及其所属单位。

【优惠内容】

对青藏铁路公司及其所属单位营业账簿免征印花税。

【享受条件】

青藏铁路公司及其所属单位免征印花税,对合同其他各方当事人应缴纳的印花税照章征收。

【政策依据】

《财政部 国家税务总局关于青藏铁路公司运营期间有关税收等政策问题的通知》(财税〔2007〕11号)第二条

政策链接

91-1 《财政部 国家税务总局关于青藏铁路公司运营期间有关税收等政策问题的通知》第二条
2007年1月11日 财税〔2007〕11号

二、对青藏铁路公司及其所属单位营业账簿免征印花税;对青藏铁路公司签订的货物运输合同免征印花税,对合同其他各方当事人应缴纳的印花税照章征收。

92. 青藏铁路公司货物运输合同免征印花税

【享受主体】

青藏铁路公司。

【优惠内容】

对青藏铁路公司签订的货物运输合同免征印花税。

【享受条件】

青藏铁路公司签订的货物运输合同免征印花税，对合同其他各方当事人应缴纳的印花税照章征收。

【政策依据】

《财政部　国家税务总局关于青藏铁路公司运营期间有关税收等政策问题的通知》（财税〔2007〕11号）第二条（略，见文件91-1）

93. 青藏铁路公司及其所属单位自采自用的砂、石等材料免征资源税

【享受主体】

青藏铁路公司及其所属单位。

【优惠内容】

对青藏铁路公司及其所属单位自采自用的砂、石等材料免征资源税。

【享受条件】

对青藏铁路公司及其所属单位自采自用的砂、石等材料免征资源税；对青藏铁路公司及其所属单位自采外销及其他单位和个人开采销售给青藏铁路公司及其所属单位的砂、石等材料照章征收资源税。

【政策依据】

《财政部　国家税务总局关于青藏铁路公司运营期间有关税收等政策问题的通知》（财税〔2007〕11号）第三条

政策链接

93-1 《财政部 国家税务总局关于青藏铁路公司运营期间有关税收等政策问题的通知》第三条

2007年1月11日 财税〔2007〕11号

三、对青藏铁路公司及其所属单位自采自用的砂、石等材料免征资源税;对青藏铁路公司及其所属单位自采外销及其他单位和个人开采销售给青藏铁路公司及其所属单位的砂、石等材料照章征收资源税。

94. 青藏铁路公司及其所属单位承受土地、房屋权属用于办公及运输免征契税

【享受主体】

青藏铁路公司及其所属单位。

【优惠内容】

对青藏铁路公司及其所属单位承受土地、房屋权属用于办公及运输主业的,免征契税。

【享受条件】

对青藏铁路公司及其所属单位承受土地、房屋权属用于办公及运输主业的,免征契税;对于因其他用途承受的土地、房屋权属,应照章征收契税。

【政策依据】

《财政部 国家税务总局关于青藏铁路公司运营期间有关税收等政策问题的通知》(财税〔2007〕11号)第四条

政策链接

94-1 《财政部 国家税务总局关于青藏铁路公司运营期间有关税收等政策问题的通知》第四条

2007年1月11日 财税〔2007〕11号

四、对青藏铁路公司及其所属单位承受土地、房屋权属用于办公及运输主

业的，免征契税；对于因其他用途承受的土地、房屋权属，应照章征收契税。

95. 青藏铁路公司及其所属单位自用的房产免征房产税

【享受主体】

青藏铁路公司及其所属单位。

【优惠内容】

对青藏铁路公司及其所属单位自用的房产免征房产税。

【享受条件】

对青藏铁路公司及其所属单位自用的房产免征房产税；对非自用的房产照章征收房产税。

【政策依据】

《财政部 国家税务总局关于青藏铁路公司运营期间有关税收等政策问题的通知》（财税〔2007〕11号）第五条

政策链接

95-1 《财政部 国家税务总局关于青藏铁路公司运营期间有关税收等政策问题的通知》第五条
2007年1月11日 财税〔2007〕11号

五、对青藏铁路公司及其所属单位自用的房产、土地免征房产税、城镇土地使用税；对非自用的房产、土地照章征收房产税、城镇土地使用税。

96. 青藏铁路公司及其所属单位自用的土地免征城镇土地使用税

【享受主体】

青藏铁路公司及其所属单位。

【优惠内容】

对青藏铁路公司及其所属单位自用的土地免征城镇土地使用税。

【享受条件】

对青藏铁路公司及其所属单位自用的土地免征城镇土地使用税;对非自用的土地照章征收城镇土地使用税。

【政策依据】

《财政部 国家税务总局关于青藏铁路公司运营期间有关税收等政策问题的通知》(财税〔2007〕11号)第五条(略,见文件95-1)

六、鼓励社会力量加大扶贫捐赠

97. 企业通过公益性社会组织或政府部门的公益性捐赠企业所得税税前扣除

【享受主体】

通过社会公益性社会组织或政府部门发生公益性捐赠的企业。

【优惠内容】

企业通过公益性社会组织或者县级（含县级）以上人民政府及其组成部门和直属机构，用于慈善活动、公益事业的捐赠支出，在年度利润总额 12% 以内的部分，准予在计算应纳税所得额时扣除；超过年度利润总额 12% 的部分，准予结转以后三年内在计算应纳税所得额时扣除。

【享受条件】

1. 公益性社会组织，应当依法取得公益性捐赠税前扣除资格。
2. 企业当年发生及以前年度结转的公益性捐赠支出，准予在当年税前扣除的部分，不能超过企业当年年度利润总额的 12%。
3. 企业发生的公益性捐赠支出未在当年税前扣除的部分，准予向以后年度结转扣除，但结转年限自捐赠发生年度的次年起计算最长不得超过三年。
4. 企业在对公益性捐赠支出计算扣除时，应先扣除以前年度结转的捐赠支出，再扣除当年发生的捐赠支出。
5. 公益性捐赠准予结转以后三年扣除政策自 2017 年 1 月 1 日起执行。2016 年 9 月 1 日至 2016 年 12 月 31 日发生的公益性捐赠支出未在 2016 年税前扣除的部分，可按此执行。

【政策依据】

（1）《中华人民共和国企业所得税法》（中华人民共和国主席令第六十四号）第九条

（2）《中华人民共和国企业所得税法实施条例》（中华人民共和国国务院令第512号）第五十一条、第五十二条、第五十三条

（3）《财政部 国家税务总局 民政部关于公益性捐赠税前扣除有关问题的通知》（财税〔2008〕160号）

（4）《财政部 国家税务总局 民政部关于公益性捐赠税前扣除有关问题的补充通知》（财税〔2010〕45号）

（5）《财政部 国家税务总局关于通过公益性群众团体的公益性捐赠税前扣除有关问题的通知》（财税〔2009〕124号）

（6）《财政部 税务总局关于公益性捐赠支出企业所得税税前结转扣除有关政策的通知》（财税〔2018〕15号）

政策链接

97-1 《中华人民共和国企业所得税法》第九条
2017年2月24日 中华人民共和国主席令第六十四号

第九条 企业发生的公益性捐赠支出，在年度利润总额12%以内的部分，准予在计算应纳税所得额时扣除；超过年度利润总额12%的部分，准予结转以后三年内在计算应纳税所得额时扣除。

97-2 《中华人民共和国企业所得税法实施条例》第五十一条、第五十二条、第五十三条
2007年12月6日 中华人民共和国国务院令第512号

第五十一条 企业所得税法第九条所称公益性捐赠，是指企业通过公益性社会团体或者县级以上人民政府及其部门，用于《中华人民共和国公益事业捐赠法》规定的公益事业的捐赠。

第五十二条 本条例第五十一条所称公益性社会团体，是指同时符合下列条件的基金会、慈善组织等社会团体：

（一）依法登记，具有法人资格；

（二）以发展公益事业为宗旨，且不以营利为目的；

（三）全部资产及其增值为该法人所有；

（四）收益和营运结余主要用于符合该法人设立目的的事业；
（五）终止后的剩余财产不归属任何个人或者营利组织；
（六）不经营与其设立目的无关的业务；
（七）有健全的财务会计制度；
（八）捐赠者不以任何形式参与社会团体财产的分配；
（九）国务院财政、税务主管部门会同国务院民政部门等登记管理部门规定的其他条件。

第五十三条 企业发生的公益性捐赠支出，不超过年度利润总额12%的部分，准予扣除。

年度利润总额，是指企业依照国家统一会计制度的规定计算的年度会计利润。

97-3 《财政部 国家税务总局 民政部关于公益性捐赠税前扣除有关问题的通知》[①]

2008年12月31日 财税〔2008〕160号

各省、自治区、直辖市、计划单列市财政厅（局）、国家税务局、地方税务局、民政厅（局），新疆生产建设兵团财务局、民政局：

为贯彻落实《中华人民共和国企业所得税法》和《中华人民共和国个人所得税法》，现对公益性捐赠所得税税前扣除有关问题明确如下：

一、企业通过公益性社会团体或者县级以上人民政府及其部门，用于公益事业的捐赠支出，在年度利润总额12%以内的部分，准予在计算应纳税所得额时扣除。年度利润总额，是指企业依照国家统一会计制度的规定计算的大于零的数额。

二、个人通过社会团体、国家机关向公益事业的捐赠支出，按照现行税收法律、行政法规及相关政策规定准予在所得税税前扣除。

三、本通知第一条所称的用于公益事业的捐赠支出，是指《中华人民共和国公益事业捐赠法》规定的向公益事业的捐赠支出，具体范围包括：

（一）救助灾害、救济贫困、扶助残疾人等困难的社会群体和个人的活动；

（二）教育、科学、文化、卫生、体育事业；

（三）环境保护、社会公共设施建设；

[①] 政策调整。"公益性捐赠税前扣除资格确认"审批事项取消。参见：《国务院关于取消非行政许可审批事项的决定》，国发〔2015〕27号。

（四）促进社会发展和进步的其他社会公共和福利事业。

四、本通知第一条所称的公益性社会团体和第二条所称的社会团体均指依据国务院发布的《基金会管理条例》和《社会团体登记管理条例》的规定，经民政部门依法登记、符合以下条件的基金会、慈善组织等公益性社会团体：

（一）符合《中华人民共和国企业所得税法实施条例》第五十二条第（一）项到第（八）项规定的条件；

（二）申请前3年内未受到行政处罚；

（三）基金会在民政部门依法登记3年以上（含3年）的，应当在申请前连续2年年度检查合格，或最近1年年度检查合格且社会组织评估等级在3A以上（含3A），登记3年以下1年以上（含1年）的，应当在申请前1年年度检查合格或社会组织评估等级在3A以上（含3A），登记1年以下的基金会具备本款第（一）项、第（二）项规定的条件；

（四）公益性社会团体（不含基金会）在民政部门依法登记3年以上，净资产不低于登记的活动资金数额，申请前连续2年年度检查合格，或最近1年年度检查合格且社会组织评估等级在3A以上（含3A），申请前连续3年每年用于公益活动的支出不低于上年总收入的70%（含70%），同时需达到当年总支出的50%以上（含50%）。

前款所称年度检查合格是指民政部门对基金会、公益性社会团体（不含基金会）进行年度检查，作出年度检查合格的结论；社会组织评估等级在3A以上（含3A）是指社会组织在民政部门主导的社会组织评估中被评为3A、4A、5A级别，且评估结果在有效期内。

五、本通知第一条所称的县级以上人民政府及其部门和第二条所称的国家机关均指县级（含县级，下同）以上人民政府及其组成部门和直属机构。

六、符合本通知第四条规定的基金会、慈善组织等公益性社会团体，可按程序申请公益性捐赠税前扣除资格。

（一）经民政部批准成立的公益性社会团体，可分别向财政部、国家税务总局、民政部提出申请；

（二）经省级民政部门批准成立的基金会，可分别向省级财政、税务（国、地税，下同）、民政部门提出申请。经地方县级以上人民政府民政部门批准成立的公益性社会团体（不含基金会），可分别向省、自治区、直辖市和计划单列市财政、税务、民政部门提出申请；

（三）民政部门负责对公益性社会团体的资格进行初步审核，财政、税务部门会同民政部门对公益性社会团体的捐赠税前扣除资格联合进行审核确认；

（四）对符合条件的公益性社会团体，按照上述管理权限，由财政部、国家税务总局和民政部及省、自治区、直辖市和计划单列市财政、税务和民政部门分别定期予以公布。

七、申请捐赠税前扣除资格的公益性社会团体，需报送以下材料：

（一）申请报告；

（二）民政部或地方县级以上人民政府民政部门颁发的登记证书复印件；

（三）组织章程；

（四）申请前相应年度的资金来源、使用情况，财务报告，公益活动的明细，注册会计师的审计报告；

（五）民政部门出具的申请前相应年度的年度检查结论、社会组织评估结论。

八、公益性社会团体和县级以上人民政府及其组成部门和直属机构在接受捐赠时，应按照行政管理级次分别使用由财政部或省、自治区、直辖市财政部门印制的公益性捐赠票据，并加盖本单位的印章；对个人索取捐赠票据的，应予以开具。

新设立的基金会在申请获得捐赠税前扣除资格后，原始基金的捐赠人可凭捐赠票据依法享受税前扣除。

九、公益性社会团体和县级以上人民政府及其组成部门和直属机构在接受捐赠时，捐赠资产的价值，按以下原则确认：

（一）接受捐赠的货币性资产，应当按照实际收到的金额计算；

（二）接受捐赠的非货币性资产，应当以其公允价值计算。捐赠方在向公益性社会团体和县级以上人民政府及其组成部门和直属机构捐赠时，应当提供注明捐赠非货币性资产公允价值的证明，如果不能提供上述证明，公益性社会团体和县级以上人民政府及其组成部门和直属机构不得向其开具公益性捐赠票据。

十、存在以下情形之一的公益性社会团体，应取消公益性捐赠税前扣除资格：

（一）年度检查不合格或最近一次社会组织评估等级低于3A的；

（二）在申请公益性捐赠税前扣除资格时有弄虚作假行为的；

（三）存在偷税行为或为他人偷税提供便利的；

（四）存在违反该组织章程的活动，或者接受的捐赠款项用于组织章程规定用途之外的支出等情况的；

（五）受到行政处罚的。

被取消公益性捐赠税前扣除资格的公益性社会团体，存在本条第一款第（一）项情形的，1年内不得重新申请公益性捐赠税前扣除资格，存在第

(二)项、第(三)项、第(四)项、第(五)项情形的,3年内不得重新申请公益性捐赠税前扣除资格。

对本条第一款第(三)项、第(四)项情形,应对其接受捐赠收入和其他各项收入依法补征企业所得税。

十一、本通知从2008年1月1日起执行。本通知发布前已经取得和未取得捐赠税前扣除资格的公益性社会团体,均应按本通知的规定提出申请。《财政部、国家税务总局关于公益救济性捐赠税前扣除政策及相关管理问题的通知》(财税〔2007〕6号)停止执行。

97-4 《财政部 国家税务总局 民政部关于公益性捐赠税前扣除有关问题的补充通知》[①]

2010年7月21日 财税〔2010〕45号

各省、自治区、直辖市、计划单列市财政厅(局)、国家税务局、地方税务局、民政厅(局),新疆生产建设兵团财务局、民政局:

为进一步规范公益性捐赠税前扣除政策,加强税收征管,根据《财政部、国家税务总局、民政部关于公益性捐赠税前扣除有关问题的通知》(财税〔2008〕160号)的有关规定,现将公益性捐赠税前扣除有关问题补充通知如下:

一、企业或个人通过获得公益性捐赠税前扣除资格的公益性社会团体或县级以上人民政府及其组成部门和直属机构,用于公益事业的捐赠支出,可以按规定进行所得税税前扣除。

县级以上人民政府及其组成部门和直属机构的公益性捐赠税前扣除资格不需要认定。

二、在财税〔2008〕160号文件下发之前已经获得公益性捐赠税前扣除资格的公益性社会团体,必须按规定的条件和程序重新提出申请,通过认定后才能获得公益性捐赠税前扣除资格。

符合财税〔2008〕160号文件第四条规定的基金会、慈善组织等公益性社会团体,应同时向财政、税务、民政部门提出申请,并分别报送财税〔2008〕160号文件第七条规定的材料。

民政部门负责对公益性社会团体资格进行初步审查,财政、税务部门会同民政部门对公益性捐赠税前扣除资格联合进行审核确认。

---

① 政策调整。"公益性捐赠税前扣除资格确认"审批事项取消。参见:《国务院关于取消非行政许可审批事项的决定》,国发〔2015〕27号。

三、对获得公益性捐赠税前扣除资格的公益性社会团体，由财政部、国家税务总局和民政部以及省、自治区、直辖市、计划单列市财政、税务和民政部门每年分别联合公布名单。名单应当包括当年继续获得公益性捐赠税前扣除资格和新获得公益性捐赠税前扣除资格的公益性社会团体。

企业或个人在名单所属年度内向名单内的公益性社会团体进行的公益性捐赠支出，可按规定进行税前扣除。

四、2008年1月1日以后成立的基金会，在首次获得公益性捐赠税前扣除资格后，原始基金的捐赠人在基金会首次获得公益性捐赠税前扣除资格的当年进行所得税汇算清缴时，可按规定进行税前扣除。

五、对于通过公益性社会团体发生的公益性捐赠支出，企业或个人应提供省级以上（含省级）财政部门印制并加盖接受捐赠单位印章的公益性捐赠票据，或加盖接受捐赠单位印章的《非税收入一般缴款书》收据联，方可按规定进行税前扣除。

对于通过公益性社会团体发生的公益性捐赠支出，主管税务机关应对照财政、税务、民政部门联合公布的名单予以办理，即接受捐赠的公益性社会团体位于名单内的，企业或个人在名单所属年度向名单内的公益性社会团体进行的公益性捐赠支出可按规定进行税前扣除；接受捐赠的公益性社会团体不在名单内，或虽在名单内但企业或个人发生的公益性捐赠支出不属于名单所属年度的，不得扣除。

六、对已经获得公益性捐赠税前扣除资格的公益性社会团体，其年度检查连续两年基本合格视同为财税〔2008〕160号文件第十条规定的年度检查不合格，应取消公益性捐赠税前扣除资格。

七、获得公益性捐赠税前扣除资格的公益性社会团体，发现其不再符合财税〔2008〕160号文件第四条规定条件之一，或存在财税〔2008〕160号文件第十条规定情形之一的，应自发现之日起15日内向主管税务机关报告，主管税务机关可暂时明确其获得资格的次年内企业或个人向该公益性社会团体的公益性捐赠支出，不得税前扣除。同时，提请审核确认其公益性捐赠税前扣除资格的财政、税务、民政部门明确其获得资格的次年不具有公益性捐赠税前扣除资格。

税务机关在日常管理过程中，发现公益性社会团体不再符合财税〔2008〕160号文件第四条规定条件之一，或存在财税〔2008〕160号文件第十条规定情形之一的，也按上述规定处理。

97-5 《财政部 国家税务总局关于通过公益性群众团体的公益性捐赠税前扣除有关问题的通知》

2009年12月8日 财税〔2009〕124号

各省、自治区、直辖市、计划单列市财政厅（局）、国家税务局、地方税务局，新疆生产建设兵团财务局：

为贯彻落实《中华人民共和国企业所得税法》和《中华人民共和国个人所得税法》，现对企业和个人通过依照《社会团体登记管理条例》规定不需进行社团登记的人民团体以及经国务院批准免予登记的社会团体（以下统称群众团体）的公益性捐赠所得税税前扣除有关问题明确如下：

一、企业通过公益性群众团体用于公益事业的捐赠支出，在年度利润总额12%以内的部分，准予在计算应纳税所得额时扣除。年度利润总额，是指企业依照国家统一会计制度的规定计算的大于零的数额。

二、个人通过公益性群众团体向公益事业的捐赠支出，按照现行税收法律、行政法规及相关政策规定准予在所得税税前扣除。

三、本通知第一条和第二条所称的公益事业，是指《中华人民共和国公益事业捐赠法》规定的下列事项：

（一）救助灾害、救济贫困、扶助残疾人等困难的社会群体和个人的活动；

（二）教育、科学、文化、卫生、体育事业；

（三）环境保护、社会公共设施建设；

（四）促进社会发展和进步的其他社会公共和福利事业。

四、本通知第一条和第二条所称的公益性群众团体，是指同时符合以下条件的群众团体：

（一）符合《中华人民共和国企业所得税法实施条例》第五十二条第（一）项至第（八）项规定的条件；

（二）县级以上各级机构编制部门直接管理其机构编制；

（三）对接受捐赠的收入以及用捐赠收入进行的支出单独进行核算，且申请前连续3年接受捐赠的总收入中用于公益事业的支出比例不低于70%。

五、符合本通知第四条规定的公益性群众团体，可按程序申请公益性捐赠税前扣除资格。

（一）由中央机构编制部门直接管理其机构编制的群众团体，向财政部、国家税务总局提出申请；

（二）由县级以上地方各级机构编制部门直接管理其机构编制的群众团体，向省、自治区、直辖市和计划单列市财政、税务部门提出申请；

（三）对符合条件的公益性群众团体，按照上述管理权限，由财政部、国家税务总局和省、自治区、直辖市、计划单列市财政、税务部门分别每年联合公布名单。名单应当包括继续获得公益性捐赠税前扣除资格和新获得公益性捐赠税前扣除资格的群众团体，企业和个人在名单所属年度内向名单内的群众团体进行的公益性捐赠支出，可以按规定进行税前扣除。

六、申请公益性捐赠税前扣除资格的群众团体，需报送以下材料：

（一）申请报告；

（二）县级以上各级党委、政府或机构编制部门印发的"三定"规定；

（三）组织章程；

（四）申请前相应年度的受赠资金来源、使用情况，财务报告，公益活动的明细，注册会计师的审计报告或注册税务师的鉴证报告。

七、公益性群众团体在接受捐赠时，应按照行政管理级次分别使用由财政部或省、自治区、直辖市财政部门印制的公益性捐赠票据或者《非税收入一般缴款书》收据联，并加盖本单位的印章；对个人索取捐赠票据的，应予以开具。

八、公益性群众团体接受捐赠的资产价值，按以下原则确认：

（一）接受捐赠的货币性资产，应当按照实际收到的金额计算；

（二）接受捐赠的非货币性资产，应当以其公允价值计算。捐赠方在向公益性群众团体捐赠时，应当提供注明捐赠非货币性资产公允价值的证明，如果不能提供上述证明，公益性群众团体不得向其开具公益性捐赠票据或者《非税收入一般缴款书》收据联。

九、对存在以下情形之一的公益性群众团体，应取消其公益性捐赠税前扣除资格：

（一）前3年接受捐赠的总收入中用于公益事业的支出比例低于70%的；

（二）在申请公益性捐赠税前扣除资格时有弄虚作假行为的；

（三）存在逃避缴纳税款行为或为他人逃避缴纳税款提供便利的；

（四）存在违反该组织章程的活动，或者接受的捐赠款项用于组织章程规定用途之外的支出等情况的；

（五）受到行政处罚的。

被取消公益性捐赠税前扣除资格的公益性群众团体，存在本条第一款第（二）项、第（三）项、第（四）项、第（五）项情形的，3年内不得重新申请公益性捐赠税前扣除资格。

对存在本条第一款第（三）项、第（四）项情形的公益性群众团体，应对其接受捐赠收入和其他各项收入依法补征企业所得税。

十、对于通过公益性群众团体发生的公益性捐赠支出，主管税务机关应对照财政、税务部门联合发布的名单，接受捐赠的群众团体位于名单内，则企业或个人在名单所属年度发生的公益性捐赠支出可按规定进行税前扣除；接受捐赠的群众团体不在名单内，或虽在名单内但企业或个人发生的公益性捐赠支出不属于名单所属年度的，不得扣除。

十一、获得公益性捐赠税前扣除资格的公益性群众团体，应自不符合本通知第四条规定条件之一或存在本通知第九条规定情形之一之日起15日内向主管税务机关报告，主管税务机关可暂时明确其获得资格的次年内企业向该群众团体的公益性捐赠支出，不得税前扣除，同时提请财政部、国家税务总局或省级财政、税务部门明确其获得资格的次年不具有公益性捐赠税前扣除资格。

十二、本通知从2008年1月1日起执行。本通知发布前已经取得和未取得公益性捐赠税前扣除资格的群众团体，均应按本通知规定提出申请。

97-6 《财政部 税务总局关于公益性捐赠支出企业所得税税前结转扣除有关政策的通知》

2018年2月11日 财税〔2018〕15号

各省、自治区、直辖市、计划单列市财政厅（局）、国家税务局、地方税务局，新疆生产建设兵团财政局：

根据《中华人民共和国企业所得税法》和《中华人民共和国企业所得税法实施条例》的有关规定，现就公益性捐赠支出企业所得税税前结转扣除有关政策通知如下：

一、企业通过公益性社会组织或者县级（含县级）以上人民政府及其组成部门和直属机构，用于慈善活动、公益事业的捐赠支出，在年度利润总额12%以内的部分，准予在计算应纳税所得额时扣除；超过年度利润总额12%的部分，准予结转以后三年内在计算应纳税所得额时扣除。

本条所称公益性社会组织，应当依法取得公益性捐赠税前扣除资格。

本条所称年度利润总额，是指企业依照国家统一会计制度的规定计算的大于零的数额。

二、企业当年发生及以前年度结转的公益性捐赠支出，准予在当年税前扣除的部分，不能超过企业当年年度利润总额的12%。

三、企业发生的公益性捐赠支出未在当年税前扣除的部分，准予向以后年度结转扣除,但结转年限自捐赠发生年度的次年起计算最长不得超过三年。

四、企业在对公益性捐赠支出计算扣除时,应先扣除以前年度结转的捐赠支出,再扣除当年发生的捐赠支出。

五、本通知自 2017 年 1 月 1 日起执行。2016 年 9 月 1 日至 2016 年 12 月 31 日发生的公益性捐赠支出未在 2016 年税前扣除的部分,可按本通知执行。

98. 个人通过社会团体或国家机关的公益性捐赠个人所得税税前扣除

【享受主体】

通过社会团体或国家机关发生公益性捐赠的个人。

【优惠内容】

个人将其所得通过中国境内的社会团体、国家机关向教育和其他社会公益事业以及遭受严重自然灾害地区、贫困地区的捐赠,捐赠额未超过纳税义务人申报的应纳税所得额 30% 的部分,可以从其应纳税所得额中扣除。

【享受条件】

1. 公益性捐赠须通过中国境内的社会团体、国家机关进行。
2. 捐赠额未超过纳税义务人申报的应纳税所得额 30% 的部分,可以从其应纳税所得额中扣除。

【政策依据】

(1)《中华人民共和国个人所得税法》(中华人民共和国主席令第四十八号)第六条第二款

(2)《中华人民共和国个人所得税法实施条例》(中华人民共和国国务院令第 600 号)第二十四条

政策链接

98-1 《中华人民共和国个人所得税法》第六条第二款

2011 年 6 月 30 日　中华人民共和国主席令第四十八号

个人将其所得对教育事业和其他公益事业捐赠的部分,按照国务院有关规定从应纳税所得中扣除。

98 – 2 《中华人民共和国个人所得税法实施条例》第二十四条
2011 年 7 月 19 日　中华人民共和国国务院令第 600 号

第二十四条　税法第六条第二款所说的个人将其所得对教育事业和其他公益事业的捐赠,是指个人将其所得通过中国境内的社会团体、国家机关向教育和其他社会公益事业以及遭受严重自然灾害地区、贫困地区的捐赠。

捐赠额未超过纳税义务人申报的应纳税所得额 30% 的部分,可以从其应纳税所得额中扣除。

99. 个人通过非营利的社会团体和国家机关向农村义务教育捐赠个人所得税税前扣除

【享受主体】

通过非营利的社会团体和国家机关向农村义务教育捐赠的个人。

【优惠内容】

个人通过非营利的社会团体和国家机关向农村义务教育的捐赠,准予在个人所得税前全额扣除。

【享受条件】

农村义务教育的范围,是指政府和社会力量举办的农村乡镇(不含县和县级市政府所在地的镇)、村的小学和初中以及属于这一阶段的特殊教育学校。纳税人对农村义务教育与高中在一起的学校的捐赠,也享受本政策。

【政策依据】

《财政部　国家税务总局关于纳税人向农村义务教育捐赠有关所得税政策的通知》(财税〔2001〕103 号)

政策链接

99 – 1 《财政部　国家税务总局关于纳税人向农村义务教育捐赠有关所得税政策的通知》
2001 年 6 月 7 日　财税〔2001〕103 号

为了贯彻落实《国务院关于基础教育改革与发展的决定》(国发〔2001〕

21号）的有关精神，支持农村义务教育发展，现对纳税人向农村义务教育捐赠的有关所得税政策通知如下：

一、企事业单位、社会团体和个人等社会力量通过非营利的社会团体和国家机关向农村义务教育的捐赠，准予在缴纳企业所得税和个人所得税前的所得额中全额扣除。

二、本通知所称农村义务教育的范围，是指政府和社会力量举办的农村乡镇（不含县和县级市政府所在地的镇）、村的小学和初中以及属于这一阶段的特殊教育学校。纳税人对农村义务教育与高中在一起的学校的捐赠，也享受本通知规定的所得税前扣除政策。

三、接受捐赠或办理转赠的非营利的社会团体和国家机关，应按照财务隶属关系分别使用由中央或省级财政部门统一印（监）制的捐赠票据，并加盖接受捐赠或转赠单位的财务专用印章。税务机关据此对捐赠单位和个人进行纳税所得扣除。

四、本通知自2001年7月1日起执行。

100. 符合条件的财产捐赠免征印花税

【享受主体】

财产捐赠行为涉及的财产所有人及受赠人。

【优惠内容】

财产所有人将财产赠给政府、社会福利单位所立的书据免征印花税。

【享受条件】

社会福利单位，是指抚养孤老伤残的社会福利单位。

【政策依据】

（1）《中华人民共和国印花税暂行条例》（中华人民共和国国务院令第588号）第四条

（2）《中华人民共和国印花税暂行条例实施细则》〔(1988)财税字第255号〕第十二条

政策链接

100-1 《中华人民共和国印花税暂行条例》第四条
2011年1月8日 中华人民共和国国务院令第588号

第四条 下列凭证免纳印花税：
（一）已缴纳印花税的凭证的副本或者抄本；
（二）财产所有人将财产赠给政府、社会福利单位、学校所立的书据；
（三）经财政部批准免税的其他凭证。

100-2 《中华人民共和国印花税暂行条例实施细则》第十二条
1988年9月29日 （1988）财税字第255号

第十二条 条例第四条所说的社会福利单位，是指抚养孤老伤残的社会福利单位。

101. 境外捐赠人捐赠慈善物资免征进口环节增值税

【享受主体】

接受境外捐赠的受赠人。

【优惠内容】

1. 境外捐赠人无偿向受赠人捐赠的直接用于慈善事业的物资，免征进口环节增值税。
2. 国际和外国医疗机构在我国从事慈善和人道医疗救助活动，供免费使用的医疗药品和器械及在治疗过程中使用的消耗性的医用卫生材料比照前款执行。

【享受条件】

1. 慈善事业是指非营利的慈善救助等社会慈善和福利事业，包括以捐赠财产方式自愿开展的下列慈善活动：
（1）扶贫济困，扶助老幼病残等困难群体；
（2）促进教育、科学、文化、卫生、体育等事业的发展；
（3）防治污染和其他公害，保护和改善环境；
（4）符合社会公共利益的其他慈善活动。

2. 境外捐赠人是指中华人民共和国境外的自然人、法人或者其他组织。

3. 受赠人是指：

（1）国务院有关部门和各省、自治区、直辖市人民政府；

（2）中国红十字会总会、中华全国妇女联合会、中国残疾人联合会、中华慈善总会、中国初级卫生保健基金会、中国宋庆龄基金会和中国癌症基金会；

（3）经民政部或省级民政部门登记注册且被评定为5A级的以人道救助和发展慈善事业为宗旨的社会团体或基金会。民政部或省级民政部门负责出具证明有关社会团体或基金会符合本办法规定的受赠人条件的文件。

4. 用于慈善事业的物资是指：

（1）衣服、被褥、鞋帽、帐篷、手套、睡袋、毛毯及其他生活必需用品等；

（2）食品类及饮用水（调味品、水产品、水果、饮料、烟酒等除外）；

（3）医疗类包括医疗药品、医疗器械、医疗书籍和资料。其中，对于医疗药品及医疗器械捐赠进口，按照相关部门有关规定执行；

（4）直接用于公共图书馆、公共博物馆、各类职业学校、高中、初中、小学、幼儿园教育的教学仪器、教材、图书、资料和一般学习用品。其中，教学仪器是指专用于教学的检验、观察、计量、演示用的仪器和器具；一般学习用品是指用于各类职业学校、高中、初中、小学、幼儿园教学和学生专用的文具、教具、体育用品、婴幼儿玩具、标本、模型、切片、各类学习软件、实验室用器皿和试剂、学生校服（含鞋帽）和书包等；

（5）直接用于环境保护的专用仪器。包括环保系统专用的空气质量与污染源废气监测仪器及治理设备、环境水质与污水监测仪器及治理设备、环境污染事故应急监测仪器、固体废物监测仪器及处置设备、辐射防护与电磁辐射监测仪器及设备、生态保护监测仪器及设备、噪声及振动监测仪器和实验室通用分析仪器及设备；

（6）经国务院批准的其他直接用于慈善事业的物资。

前款物资不包括国家明令停止减免进口税收的特定商品以及汽车、生产性设备、生产性原材料及半成品等。捐赠物资应为未经使用的物品（其中，食品类及饮用水、医疗药品应在保质期内），在捐赠物资内不得夹带危害环境、公共卫生和社会道德及进行政治渗透等违禁物品。

5. 进口捐赠物资，由受赠人向海关申请办理减免税手续，海关按规定进行审核确认。经审核同意免税进口的捐赠物资，由海关按规定进行监管。

6. 进口的捐赠物资按国家规定属于配额、特定登记和进口许可证管理的商品的，受赠人应当向有关部门申请配额、登记证明和进口许可证，海关凭证验放。

7. 经审核同意免税进口的捐赠物资，依照《中华人民共和国公益事业捐赠法》第三章有关条款进行使用和管理。

8. 免税进口的捐赠物资，未经海关审核同意，不得擅自转让、抵押、质押、移作他用或者进行其他处置。如有违反，按国家有关法律、法规和海关相关管理规定处理。

【政策依据】

《财政部　海关总署　国家税务总局关于公布〈慈善捐赠物资免征进口税收暂行办法〉的公告》（财政部　海关总署　国家税务总局公告2015年第102号）

政策链接

101-1 《财政部　海关总署　国家税务总局关于公布〈慈善捐赠物资免征进口税收暂行办法〉的公告》
2015年12月23日　财政部　海关总署　国家税务总局公告2015年第102号

经国务院批准，现公布《慈善捐赠物资免征进口税收暂行办法》，自2016年4月1日起实施。《财政部　国家税务总局　海关总署关于发布〈扶贫、慈善性捐赠物资免征进口税收暂行办法〉的通知》（财税〔2000〕152号）同时废止。

附件：慈善捐赠物资免征进口税收暂行办法

附件

慈善捐赠物资免征进口税收暂行办法

第一条　为促进慈善事业的健康发展，支持慈善事业发挥扶贫济困积极作用，规范对慈善事业捐赠物资的进口管理，根据《中华人民共和国公益事业捐赠法》《中华人民共和国海关法》和《中华人民共和国进出口关税条例》等有关规定，制定本办法。

第二条　对境外捐赠人无偿向受赠人捐赠的直接用于慈善事业的物资，免征进口关税和进口环节增值税。

第三条 本办法所称慈善事业是指非营利的慈善救助等社会慈善和福利事业，包括以捐赠财产方式自愿开展的下列慈善活动：

（一）扶贫济困，扶助老幼病残等困难群体；

（二）促进教育、科学、文化、卫生、体育等事业的发展；

（三）防治污染和其他公害，保护和改善环境；

（四）符合社会公共利益的其他慈善活动。

第四条 本办法所称境外捐赠人是指中华人民共和国关境外的自然人、法人或者其他组织。

第五条 本办法所称受赠人是指：

（一）国务院有关部门和各省、自治区、直辖市人民政府。

（二）中国红十字会总会、中华全国妇女联合会、中国残疾人联合会、中华慈善总会、中国初级卫生保健基金会、中国宋庆龄基金会和中国癌症基金会。

（三）经民政部或省级民政部门登记注册且被评定为5A级的以人道救助和发展慈善事业为宗旨的社会团体或基金会。民政部或省级民政部门负责出具证明有关社会团体或基金会符合本办法规定的受赠人条件的文件。

第六条 本办法所称用于慈善事业的物资是指：

（一）衣服、被褥、鞋帽、帐篷、手套、睡袋、毛毯及其他生活必需用品等。

（二）食品类及饮用水（调味品、水产品、水果、饮料、烟酒等除外）。

（三）医疗类包括医疗药品、医疗器械、医疗书籍和资料。其中，对于医疗药品及医疗器械捐赠进口，按照相关部门有关规定执行。

（四）直接用于公共图书馆、公共博物馆、各类职业学校、高中、初中、小学、幼儿园教育的教学仪器、教材、图书、资料和一般学习用品。其中，教学仪器是指专用于教学的检验、观察、计量、演示用的仪器和器具；一般学习用品是指用于各类职业学校、高中、初中、小学、幼儿园教学和学生专用的文具、教具、体育用品、婴幼儿玩具、标本、模型、切片、各类学习软件、实验室用器皿和试剂、学生校服（含鞋帽）和书包等。

（五）直接用于环境保护的专用仪器。包括环保系统专用的空气质量与污染源废气监测仪器及治理设备、环境水质与污水监测仪器及治理设备、环境污染事故应急监测仪器、固体废物监测仪器及处置设备、辐射防护与电磁辐射监测仪器及设备、生态保护监测仪器及设备、噪声及振动监测仪器和实验室通用分析仪器及设备。

（六）经国务院批准的其他直接用于慈善事业的物资。

本办法所称用于慈善事业的物资不包括国家明令停止减免进口税收的特定商品以及汽车、生产性设备、生产性原材料及半成品等。捐赠物资应为未经使用的物品（其中，食品类及饮用水、医疗药品应在保质期内），在捐赠物资内不得夹带危害环境、公共卫生和社会道德及进行政治渗透等违禁物品。

第七条 国际和外国医疗机构在我国从事慈善和人道医疗救助活动，供免费使用的医疗药品和器械及在治疗过程中使用的消耗性的医用卫生材料比照本办法执行。

第八条 符合本办法规定的进口捐赠物资，由受赠人向海关申请办理减免税手续，海关按规定进行审核确认。经审核同意免税进口的捐赠物资，由海关按规定进行监管。

第九条 进口的捐赠物资按国家规定属于配额、特定登记和进口许可证管理的商品的，受赠人应当向有关部门申请配额、登记证明和进口许可证，海关凭证验放。

第十条 经审核同意免税进口的捐赠物资，依照《中华人民共和国公益事业捐赠法》第三章有关条款进行使用和管理。

第十一条 免税进口的捐赠物资，未经海关审核同意，不得擅自转让、抵押、质押、移作他用或者进行其他处置。如有违反，按国家有关法律、法规和海关相关管理规定处理。

第十二条 本办法由财政部会同海关总署、国家税务总局解释。

第十三条 海关总署根据本办法制定具体实施办法。

第十四条 本办法自 2016 年 4 月 1 日起施行，《财政部 国家税务总局 海关总署关于发布〈扶贫、慈善性捐赠物资免征进口税收暂行办法〉的通知》（财税〔2000〕152 号）同时废止。

索引[①]

1-1 《中华人民共和国企业所得税法》（中华人民共和国主席令第六十四号）第二十七条第（二）项

1-2 《中华人民共和国企业所得税法实施条例》（中华人民共和国国务院令第512号）第八十七条、第八十九条

1-3 《财政部 国家税务总局 国家发展和改革委员会关于公布〈公共基础设施项目企业所得税优惠目录（2008年版）〉的通知》（财税〔2008〕116号）

1-4 《财政部 国家税务总局关于公共基础设施项目和环境保护节能节水项目企业所得税优惠政策问题的通知》（财税〔2012〕10号）第一条、第二条

1-5 《财政部 国家税务总局关于公共基础设施项目享受企业所得税优惠政策问题的补充通知》（财税〔2014〕55号）第一条、第二条

1-6 《国家税务总局关于实施国家重点扶持的公共基础设施项目企业所得税优惠问题的通知》（国税发〔2009〕80号）

2-1 《财政部 国家税务总局关于免征农村电网维护费增值税问题的通知》（财税字〔1998〕47号）第一条、第二条

2-2 《国家税务总局关于农村电网维护费征免增值税问题的通知》（国税函〔2009〕591号）

3-1 《财政部 国家税务总局关于部分货物适用增值税低税率和简易办法征收增值税政策的通知》（财税〔2009〕9号）第二条第（三）项、第四条

3-2 《财政部 国家税务总局关于简并增值税征收率政策的通知》（财税〔2014〕57号）第二条、第四条

[①] 本索引就本书所有政策链接内容按编码排序，以方便读者检索。

4-1 《国家税务局关于水利设施用地征免土地使用税问题的规定》（国税地字〔1989〕第14号）

5-1 《中华人民共和国耕地占用税暂行条例实施细则》（中华人民共和国财政部 国家税务总局令第49号）第二条

6-1 《财政部 国家税务总局关于免征国家重大水利工程建设基金的城市维护建设税和教育费附加的通知》（财税〔2010〕44号）

7-1 《中华人民共和国耕地占用税暂行条例》（中华人民共和国国务院令第511号）第十条第一款

7-2 《中华人民共和国耕地占用税暂行条例实施细则》（中华人民共和国财政部 国家税务总局令第49号）第十八条第一款

8-1 《中华人民共和国耕地占用税暂行条例》（中华人民共和国国务院令第511号）第十条第二款

9-1 《中华人民共和国耕地占用税暂行条例实施细则》（中华人民共和国财政部 国家税务总局令第49号）第十八条

10-1 《财政部 国家税务总局关于继续实行农村饮水安全工程建设运营税收优惠政策的通知》（财税〔2016〕19号）第五条

11-1 《财政部 国家税务总局关于继续实行农村饮水安全工程建设运营税收优惠政策的通知》（财税〔2016〕19号）第四条

12-1 《财政部 国家税务总局关于继续实行农村饮水安全工程建设运营税收优惠政策的通知》（财税〔2016〕19号）第三条

14-1 《财政部 国家税务总局关于继续实行农村饮水安全工程建设运营税收优惠政策的通知》（财税〔2016〕19号）第一条

15-1 《财政部 国家税务总局关于继续实行农村饮水安全工程建设运营税收优惠政策的通知》（财税〔2016〕19号）第二条

16-1 《财政部 国家税务总局关于全面推开营业税改征增值税试点的通知》（财税〔2016〕36号）附件3《营业税改征增值税试点过渡政策的规定》第三十五条

17-1 《财政部 国家税务总局关于建筑服务等营改增试点政策的通知》（财税〔2017〕58号）第四条

18-1 《中华人民共和国城镇土地使用税暂行条例》（中华人民共和国国务院令第645号）第六条第（五）项

18-2 《国家税务总局关于检发〈关于土地使用税若干具体问题的解释和暂行规定〉的通知》（国税地字〔1988〕15号）第十一条

19-1	《财政部 税务总局关于支持农村集体产权制度改革有关税收政策的通知》（财税〔2017〕55号）第一条
20-1	《财政部 税务总局关于支持农村集体产权制度改革有关税收政策的通知》（财税〔2017〕55号）第二条
22-1	《财政部 税务总局关于支持农村集体产权制度改革有关税收政策的通知》（财税〔2017〕55号）第三条
23-1	《中华人民共和国增值税暂行条例》（中华人民共和国国务院令第691号）第十五条第（一）项
23-2	《中华人民共和国增值税暂行条例实施细则》（中华人民共和国财政部令第65号）第三十五条第（一）项
23-3	《财政部 国家税务总局关于印发〈农业产品征税范围注释〉的通知》（财税字〔1995〕52号）
24-1	《财政部 海关总署 国家税务总局关于"十三五"期间进口种子种源税收政策管理办法的通知》（财关税〔2016〕64号）
25-1	《财政部 国家税务总局关于免征饲料进口环节增值税的通知》（财税〔2001〕82号）
26-1	《财政部 国家税务总局关于饲料产品免征增值税问题的通知》（财税〔2001〕121号）第一条
26-2	《国家税务总局关于印发〈增值税部分货物征税范围注释〉的通知》（国税发〔1993〕151号）第十二条
27-1	《财政部 国家税务总局关于有机肥产品免征增值税的通知》（财税〔2008〕56号）
28-1	《财政部 国家税务总局关于免征滴灌带和滴灌管产品增值税的通知》（财税〔2007〕83号）第一条、第四条
29-1	《财政部 国家税务总局关于农业生产资料征免增值税政策的通知》（财税〔2001〕113号）第一条第1项
29-2	《国家税务总局关于印发〈增值税部分货物征税范围注释〉的通知》（国税发〔1993〕151号）第十五条
30-1	《财政部 国家税务总局关于农业生产资料征免增值税政策的通知》（财税〔2001〕113号）第一条第（四）项
30-2	《国家税务总局关于印发〈增值税部分货物征税范围注释〉的通知》（国税发〔1993〕151号）第十四条、第十六条
31-1	《中华人民共和国增值税暂行条例》（中华人民共和国国务院令第691号）第八条第（三）项

31-2　《财政部　税务总局关于简并增值税税率有关政策的通知》（财税〔2017〕37号）

31-3　《财政部　税务总局关于调整增值税税率的通知》（财税〔2018〕32号）

32-1　《财政部　国家税务总局关于在部分行业试行农产品增值税进项税额核定扣除办法的通知》（财税〔2012〕38号）

32-2　《财政部　国家税务总局关于扩大农产品增值税进项税额核定扣除试点行业范围的通知》（财税〔2013〕57号）

33-1　《中华人民共和国企业所得税法》（中华人民共和国主席令第六十四号）第二十七条第（一）项

33-2　《中华人民共和国企业所得税法实施条例》（中华人民共和国国务院令第512号）第八十六条第（一）项、第（二）项

33-3　《财政部　国家税务总局关于发布〈享受企业所得税优惠政策的农产品初加工范围（试行）〉的通知》（财税〔2008〕149号）

33-4　《财政部　国家税务总局关于享受企业所得税优惠的农产品初加工有关范围的补充通知》（财税〔2011〕26号）

33-5　《国家税务总局关于实施农林牧渔业项目企业所得税优惠问题的公告》（国家税务总局公告2011年第48号）

34-1　《中华人民共和国个人所得税法》（中华人民共和国主席令第四十八号）第四条

34-2　《财政部　国家税务总局关于农村税费改革试点地区有关个人所得税问题的通知》（财税〔2004〕30号）

35-1　《财政部　国家税务总局关于全面推开营业税改征增值税试点的通知》（财税〔2016〕36号）附件3《营业税改征增值税试点过渡政策的规定》第一条第（十）项

36-1　《财政部　国家税务总局关于农用三轮车免征车辆购置税的通知》（财税〔2004〕66号）

37-1　《中华人民共和国车船税法》（中华人民共和国主席令第四十三号）第三条第（一）项

37-2　《中华人民共和国车船税法实施条例》（中华人民共和国国务院令第611号）第七条

38-1　《中华人民共和国车船税法》（中华人民共和国主席令第四十三号）第五条

38-2 《中华人民共和国车船税法实施条例》（中华人民共和国国务院令第611号）第二十六条

39-1 《国家税务总局关于纳税人采取"公司+农户"经营模式销售畜禽有关增值税问题的公告》（国家税务总局公告2013年第8号）

40-1 《中华人民共和国企业所得税法》（中华人民共和国主席令第六十四号）第二十七条

40-2 《中华人民共和国企业所得税法实施条例》（中华人民共和国国务院令第512号）第八十六条

40-3 《国家税务总局关于"公司+农户"经营模式企业所得税优惠问题的公告》（国家税务总局公告2010年第2号）

41-1 《财政部 国家税务总局关于农民专业合作社有关税收政策的通知》（财税〔2008〕81号）

45-1 《财政部 国家税务总局关于免征蔬菜流通环节增值税有关问题的通知》（财税〔2011〕137号）

46-1 《财政部 国家税务总局关于免征部分鲜活肉蛋产品流通环节增值税政策的通知》（财税〔2012〕75号）

47-1 《财政部 国家税务总局关于继续实行农产品批发市场、农贸市场房产税、城镇土地使用税优惠政策的通知》（财税〔2016〕1号）

49-1 《中华人民共和国印花税暂行条例》（中华人民共和国国务院令第588号）第四条

49-2 《中华人民共和国印花税暂行条例施行细则》〔（1988）财税字第255号〕第十三条

50-1 《财政部 国家税务总局关于印发〈资源综合利用产品和劳务增值税优惠目录〉的通知》（财税〔2015〕78号）

54-1 《中华人民共和国企业所得税法》（中华人民共和国主席令第六十四号）第三十三条

54-2 《中华人民共和国企业所得税法实施条例》（中华人民共和国国务院令第512号）第九十九条

54-3 《财政部 国家税务总局关于执行资源综合利用企业所得税优惠目录有关问题的通知》（财税〔2008〕47号）

54-4 《财政部 国家税务总局 国家发展改革委关于公布资源综合利用企业所得税优惠目录（2008年版）的通知》（财税〔2008〕117号）

56-1	《中华人民共和国企业所得税法实施条例》（中华人民共和国国务院令第512号）第八十八条
56-2	《财政部 国家税务总局 国家发展改革委关于公布环境保护节能节水项目企业所得税优惠目录（试行）的通知》（财税〔2009〕166号）
56-3	《财政部 国家税务总局关于公共基础设施项目和环境保护节能节水项目企业所得税优惠政策问题的通知》（财税〔2012〕10号）
57-1	《中华人民共和国增值税暂行条例实施细则》（中华人民共和国财政部令第65号）第三十七条
57-2	《财政部 国家税务总局关于暂免征收部分小微企业增值税和营业税的通知》（财税〔2013〕52号）
57-3	《财政部 国家税务总局关于全面推开营业税改征增值税试点的通知》（财税〔2016〕36号）附件1《营业税改征增值税试点实施办法》第五十条
57-4	《财政部 税务总局关于延续小微企业增值税政策的通知》（财税〔2017〕76号）
57-5	《财政部 税务总局关于统一增值税小规模纳税人标准的通知》（财税〔2018〕33号）
57-6	《国家税务总局关于小微企业免征增值税有关问题的公告》（国家税务总局公告2017年第52号）
58-1	《中华人民共和国企业所得税法》（中华人民共和国主席令第六十四号）第二十八条第一款
58-2	《中华人民共和国企业所得税法实施条例》（中华人民共和国国务院令第512号）第九十二条
58-3	《财政部 税务总局关于扩大小型微利企业所得税优惠政策范围的通知》（财税〔2017〕43号）
58-4	《国家税务总局关于贯彻落实扩大小型微利企业所得税优惠政策范围有关征管问题的公告》（国家税务总局公告2017年第23号）
59-1	《中华人民共和国企业所得税法》（中华人民共和国主席令第六十四号）第三十二条
59-2	《中华人民共和国企业所得税法实施条例》（中华人民共和国国务院令第512号）第九十八条
59-3	《财政部 国家税务总局关于完善固定资产加速折旧企业所得税政策的通知》（财税〔2014〕75号）第一条第二款

59-4 《财政部 国家税务总局关于进一步完善固定资产加速折旧企业所得税政策的通知》（财税〔2015〕106 号）第二条

59-5 《国家税务总局关于固定资产加速折旧税收政策有关问题的公告》（国家税务总局公告 2014 年第 64 号）

59-6 《国家税务总局关于进一步完善固定资产加速折旧企业所得税政策有关问题的公告》（国家税务总局公告 2015 年第 68 号）

60-1 《财政部 国家税务总局关于对小微企业免征有关政府性基金的通知》（财税〔2014〕122 号）第一条

60-2 《财政部 国家税务总局关于扩大有关政府性基金免征范围的通知》（财税〔2016〕12 号）

61-1 《财政部 税务总局 人力资源社会保障部关于继续实施支持和促进重点群体创业就业有关税收政策的通知》（财税〔2017〕49 号）第一条

61-2 《国家税务总局 财政部 人力资源社会保障部 教育部 民政部关于继续实施支持和促进重点群体创业就业有关税收政策具体操作问题的公告》（国家税务总局 财政部 人力资源社会保障部 教育部 民政部公告 2017 年第 27 号）第一条

62-1 《财政部 税务总局 人力资源社会保障部关于继续实施支持和促进重点群体创业就业有关税收政策的通知》（财税〔2017〕49 号）第二条

62-2 《国家税务总局 财政部 人力资源社会保障部 教育部 民政部关于继续实施支持和促进重点群体创业就业有关税收政策具体操作问题的公告》（国家税务总局 财政部 人力资源社会保障部 教育部 民政部公告 2017 年第 27 号）第二条

63-1 《财政部 国家税务总局关于全面推开营业税改征增值税试点的通知》（财税〔2016〕36 号）附件 3《营业税改征增值税试点过渡政策的规定》第一条第（六）项

63-2 《财政部 国家税务总局关于促进残疾人就业增值税优惠政策的通知》（财税〔2016〕52 号）第八条

63-3 《国家税务总局关于发布〈促进残疾人就业增值税优惠政策管理办法〉的公告》（国家税务总局公告 2016 年第 33 号）

64-1 《财政部 国家税务总局关于促进残疾人就业增值税优惠政策的通知》（财税〔2016〕52 号）

| 65-1 | 《财政部　国家税务总局关于促进残疾人就业增值税优惠政策的通知》（财税〔2016〕52号）第三条 |

| 66-1 | 《中华人民共和国个人所得税法》（中华人民共和国主席令第四十八号）第五条 |

| 66-2 | 《中华人民共和国个人所得税法实施条例》（中华人民共和国国务院令第600号）第十六条 |

| 67-1 | 《中华人民共和国企业所得税法》（中华人民共和国主席令第六十四号）第三十条第（二）项 |

| 67-2 | 《中华人民共和国企业所得税法实施条例》（中华人民共和国国务院令第512号）第九十六条第一款 |

| 67-3 | 《财政部　国家税务总局关于安置残疾人员就业有关企业所得税优惠政策问题的通知》（财税〔2009〕70号） |

| 68-1 | 《财政部　国家税务总局关于安置残疾人就业单位城镇土地使用税等政策的通知》（财税〔2010〕121号）第一条 |

| 69-1 | 《财政部　税务总局关于支持小微企业融资有关税收政策的通知》（财税〔2017〕77号）第一条、第三条 |

| 69-2 | 《工业和信息化部　国家统计局　国家发展和改革委员会　财政部关于印发中小企业划型标准规定的通知》（工信部联企业〔2011〕300号） |

| 70-1 | 《财政部　税务总局关于延续支持农村金融发展有关税收政策的通知》（财税〔2017〕44号）第二条、第四条 |

| 71-1 | 《财政部　国家税务总局关于金融企业涉农贷款和中小企业贷款损失准备金税前扣除有关问题的通知》（财税〔2015〕3号） |

| 72-1 | 《国家税务总局关于金融企业涉农贷款和中小企业贷款损失税前扣除问题的公告》（国家税务总局公告2015年第25号） |

| 73-1 | 《财政部　国家税务总局关于进一步明确全面推开营改增试点金融业有关政策的通知》（财税〔2016〕46号）第三条 |

| 74-1 | 《财政部　国家税务总局关于进一步明确全面推开营改增试点金融业有关政策的通知》（财税〔2016〕46号）第四条及附件《享受增值税优惠的涉农贷款业务清单》 |

| 75-1 | 《财政部　税务总局关于支持小微企业融资有关税收政策的通知》（财税〔2017〕77号）第二条、第三条 |

| 76-1 | 《财政部　税务总局关于小额贷款公司有关税收政策的通知》（财税〔2017〕48号）第一条、第四条 |

77－1 《财政部　税务总局关于小额贷款公司有关税收政策的通知》（财税〔2017〕48号）第二条、第四条

78－1 《财政部　国家税务总局关于金融企业贷款损失准备金企业所得税税前扣除有关政策的通知》（财税〔2015〕9号）

78－2 《财政部　税务总局关于小额贷款公司有关税收政策的通知》（财税〔2017〕48号）第三条

79－1 《财政部　税务总局关于租入固定资产进项税额抵扣等增值税政策的通知》（财税〔2017〕90号）第六条

80－1 《财政部　税务总局关于中小企业融资（信用）担保机构有关准备金企业所得税税前扣除政策的通知》（财税〔2017〕22号）

81－1 《财政部　国家税务总局关于全面推开营业税改征增值税试点的通知》（财税〔2016〕36号）附件3第一条第（十）项

82－1 《财政部　税务总局关于延续支持农村金融发展有关税收政策的通知》（财税〔2017〕44号）第三条、第四条

83－1 《国家税务局关于对保险公司征收印花税有关问题的通知》（国税地字〔1988〕37号）第二条

84－1 《财政部　海关总署　国家税务总局关于深入实施西部大开发战略有关税收政策问题的通知》（财税〔2011〕58号）

84－2 《国家税务总局关于深入实施西部大开发战略有关企业所得税问题的公告》（国家税务总局公告2012年第12号）

84－3 《国家税务总局关于执行〈西部地区鼓励类产业目录〉有关企业所得税问题的公告》（国家税务总局公告2015年第14号）

84－4 《西部地区鼓励类产业目录》（中华人民共和国国家发展和改革委员会令第15号发布）

85－1 《财政部　海关总署　国家税务总局关于赣州市执行西部大开发税收政策问题的通知》（财税〔2013〕4号）

86－1 《中华人民共和国企业所得税法》（中华人民共和国主席令第六十四号）第二十九条

86－2 《中华人民共和国企业所得税法实施条例》（中华人民共和国国务院令第512号）第九十四条

86－3 《财政部　国家税务总局关于贯彻落实国务院关于实施企业所得税过渡优惠政策有关问题的通知》（财税〔2008〕21号）第三条

87－1 《财政部　国家税务总局关于继续执行边销茶增值税政策的通知》（财税〔2011〕89号）

87-2 《财政部 国家税务总局关于延长边销茶增值税政策执行期限的通知》(财税〔2016〕73号)

88-1 《财政部 国家税务总局关于新疆困难地区新办企业所得税优惠政策的通知》(财税〔2011〕53号)

89-1 《财政部 国家税务总局关于新疆喀什 霍尔果斯两个特殊经济开发区企业所得税优惠政策的通知》(财税〔2011〕112号)

90-1 《财政部 税务总局关于继续执行新疆国际大巴扎项目增值税政策的通知》(财税〔2017〕36号)

91-1 《财政部 国家税务总局关于青藏铁路公司运营期间有关税收等政策问题的通知》(财税〔2007〕11号)第二条

93-1 《财政部 国家税务总局关于青藏铁路公司运营期间有关税收等政策问题的通知》(财税〔2007〕11号)第三条

94-1 《财政部 国家税务总局关于青藏铁路公司运营期间有关税收等政策问题的通知》(财税〔2007〕11号)第四条

95-1 《财政部 国家税务总局关于青藏铁路公司运营期间有关税收等政策问题的通知》(财税〔2007〕11号)第五条

97-1 《中华人民共和国企业所得税法》(中华人民共和国主席令第六十四号)第九条

97-2 《中华人民共和国企业所得税法实施条例》(中华人民共和国国务院令第512号)第五十一条、第五十二条、第五十三条

97-3 《财政部 国家税务总局 民政部关于公益性捐赠税前扣除有关问题的通知》(财税〔2008〕160号)

97-4 《财政部 国家税务总局 民政部关于公益性捐赠税前扣除有关问题的补充通知》(财税〔2010〕45号)

97-5 《财政部 国家税务总局关于通过公益性群众团体的公益性捐赠税前扣除有关问题的通知》(财税〔2009〕124号)

97-6 《财政部 税务总局关于公益性捐赠支出企业所得税税前结转扣除有关政策的通知》(财税〔2018〕15号)

98-1 《中华人民共和国个人所得税法》(中华人民共和国主席令第四十八号)第六条第二款

98-2 《中华人民共和国个人所得税法实施条例》(中华人民共和国国务院令第600号)第二十四条

99-1 《财政部 国家税务总局关于纳税人向农村义务教育捐赠有关所得税政策的通知》(财税〔2001〕103号)

100-1 《中华人民共和国印花税暂行条例》（中华人民共和国国务院令第588号）第四条

100-2 《中华人民共和国印花税暂行条例实施细则》〔（1988）财税字第255号〕第十二条

101-1 《财政部 海关总署 国家税务总局关于公布〈慈善捐赠物资免征进口税收暂行办法〉的公告》（财政部 海关总署 国家税务总局公告2015年第102号）